Wolfgang Schmidbauer

Warum der Mensch sich Gott erschuf
Die Macht der Religion

Wolfgang Schmidbauer

Warum der Mensch sich Gott erschuf

Die Macht der Religion

Kreuz

Inhalt

Vorwort 7

Einleitung 9

1 Die Suche nach Sinn 11

2 »Die Zukunft einer Illusion« 21

3 Freuds Religionskritik vor dem Hintergrund seiner Biografie 31

4 Orden oder Feuerwehr? Die Auseinandersetzung zwischen Freud und Jung 37
   Was soll die Psychoanalyse sein? 37
   Der Bruch zwischen Freud und Jung 45
   »Ozeanisches Gefühl« oder Suche nach dem Vater? 54
   Die Psychoanalyse – eine missionierende Bewegung? 58

5 Die Religionskritik in Freuds Schriften 61

6 Freudianer und Jungianer 79

7 Von Magie und Trance 87

8 Schamanismus und Placebo 97

9 Wie die Gehirnforschung Gott erklärt 109

10 Glauben und Wissen 125
   Gruppe und Glaube 125
   Wer wird Religionsgründer? 128
   Wie entwickelt sich eine Weltanschauung? Religiosität und Entwicklungspsychologie 134

11 Der Glaube an den einzigen Gott 141

12 Im Banne des Propheten	145
13 Warum Religionen sich abnutzen	149
14 Die Ambivalenz der Schrift	153
15 Das Manna der Manie	159
Ron L. Hubbard: Leben ohne Zweifel	160
Karl May: Der Pseudologe als Prophet	162
Ron L. Hubbard: Der triviale Autor als Prophet	170
Genies und Scharlatane	175
16 Schluss: Brauchen wir einen Glauben?	183
Literatur	188
Anmerkungen	191

Vorwort

»*Die Religion steht im Zentrum der großen Konflike unserer Zeit. Sie verleitet Menschen dazu, grausame Dinge zu tun. Immer wieder kidnappt Religion die Moral. Wie destruktiv die Annahme ist, es gäbe ein besseres Leben als dieses! Diese Idee hält Abermillionen in Armut lebender Menschen im Würgegriff. Menschen wenden sich besonders dem Glauben zu in Zeiten, in denen das Leben schwer ist und die Aussichten schlecht sind. Wer aber auf ein besseres Leben nach dem jetzigen hofft, verliert die Hingabe an die eigene Existenz.*«
So der britische Schriftsteller Jan McEwan.[1]

»*Religion ist ein Beweis für die Schwäche des Menschen, kein Argument für die Existenz Gottes. Und dass die Renaissance des Glaubens die Welt zu einem schöneren Ort gemacht hat, wird im Ernst niemand behaupten. Religion rechtfertigt den islamistischen Terror, den militärischen Messianismus im Weißen Haus und ein paar andere unschöne Entwicklungen, und dass es oft gar nicht um den einen oder anderen Gott geht, sondern um politische Zwecke, ändert nichts daran, dass der Glaube vielen Konflikten gute Argumente liefert. Religionen sind Erfindungen des Menschen. Sie spiegeln wider, wie wir gerne wären, nicht, wie wir sind. Die meisten Religionen enthalten Appelle für ein friedliches Miteinander, die wenigsten wirken dabei friedensstiftend. Wie jedes andere soziale Distinktionsmerkmal, wie Klassen und Ethnien, ist auch der Glaube nur so integrativ wie jene, die ihn tragen.*«

So die Journalistin Sonja Zekri, die sich als Atheistin fühlt wie »auf einer Eisscholle im Golfstrom«.[2]

Hat die Religionskritik im 19. Jahrhundert mit Schopenhauer, Nietzsche, Marx und Freud einen Höhepunkt erreicht und befindet sich seither in der Defensive? Das ist schwer zu beantworten; jedenfalls aber lässt sich feststellen, dass die Religion ein stärkerer Gegner ist, als es die frühen Aufklärer mit ihren schlichten Entwertungen wie »Opium für das Volk« oder »Illusion« wahrhaben wollten. Freilich spricht es nicht für die Überlegenheit einer Sache, wenn ihre Streiter unterschätzt werden. Es kann viele Gründe dafür geben, wenn in Mcewans schönem Essay der Sieg von Kunst und Wissenschaft über die utopische Illusion wieder – wie bei Goethe – zum Traum eines Dichters wird.

Jedenfalls bin ich überzeugt, dass die Psychologie bisher zu wenig gründlich und differenziert über die Macht nachgedacht hat, die die Religion über den Menschen hat. Ein wenig davon will ich hier nachholen, und ich hoffe, dass es so ankommt, wie es beabsichtigt ist: als Bemühen, sich vom Fanatismus in jeder Hinsicht zu distanzieren und Illusionskritiker so gut wie Illusionsproduzenten mit Skepsis zu betrachten.

Diessen, im Januar 2007　　　　　　　　Wolfgang Schmidbauer

Einleitung

Auf einer wissenschaftlichen Konferenz von Nobelpreisträgern am City College in New York im August 2005 fragte ein Student die Laureaten auf dem Podium: »Kann man ein guter Wissenschaftler sein und an Gott glauben?«

Einer der Forscher, Herbert A. Hauptmann, der 1985 den Preis für Chemie erhalten hatte, gab eine kurze und scharfe Antwort: »Nein!« Glaube an das Übernatürliche, vor allem an einen Gott, sei mit guter Wissenschaft unvereinbar. Diese Form des Glaubens schade dem Wohlergehen der Menschheit.[3] Dieses »Nein« ist allerdings nicht wissenschaftlich begründet, sondern weltanschaulich. Eine wissenschaftliche Antwort würde lauten »Ich weiß nicht« oder »Es kommt auf spezifische Zusammenhänge an, ob Gottesglaube und Wissenschaft vereinbar sind oder nicht«.

Dieses »Es kommt darauf an« begleitet jede gründliche Auseinandersetzung mit Fragen im Grenzgebiet von Religion und Wissenschaft. Das kurze »Es« öffnet dabei den Zugang zu dem psychoanalytischen Beitrag. Die Psychoanalyse ist die Wissenschaft vom »Es«, von etwas, das unbewusst und doch wirkungsvoll ist, das hinter unseren wissenschaftlichen Überlegungen ebenso steht wie hinter unserer Weltanschauung, unserem Glauben. Geraume Zeit hatte die Psychoanalyse fast ein Monopol auf dieses Es; heute muss sie dieses Privileg mit Neurobiologie und Gehirnforschung, Kulturwissenschaften und Soziologie teilen.

Wer sich mit diesem Gebiet beschäftigt, wird früher oder später dem Dilemma wissenschaftlicher Forschung über menschliche Praxis begegnen: Forschung über Gegenstände, die keinen Handlungsbezug haben, kommt nie in die kritische Situation, angesichts einer noch ungeklärten Problemlage handeln zu müssen. Herbert Hauptmann, der den

Frager so kurz beschied, erhielt 1985 den Nobelpreis für seine Forschungen über die Struktur von Kristallen.

Das ist ein schönes wissenschaftliches Gebiet, denn niemals wird ein Kristall den Forscher bitten, seine Bauchschmerzen oder Depressionen zu heilen. Der Arzt und der Psychotherapeut begegnen ständig einem Problem, gegen das der Kristallforscher immun ist: Sie wissen nicht, was geschieht, und sollen doch etwas tun, um eine Entwicklung zum Schlechteren zu verhindern. Wie rasch unter der Forderung einer handlungsleitenden Position ein exakter Wissenschaftler die Behauptung an die Stelle des Beweises setzt, zeigt die oben geschilderte Szene: Statt die Gottesfrage wissenschaftlich zu untersuchen, macht sie der Wissenschaftler zu einer Sache seines Dogmas.

Der ebenso triviale wie einzig gangbare Weg, über die Macht der Religion in der Wissenschaft »objektive« Daten zu gewinnen, ist die Statistik. Nach einer 1997 in »Nature« veröffentlichen Umfrage von Edward J. Larson von der Universität in Georgia glaubten 40 Prozent der befragten Naturwissenschaftler (Mathematiker, Physiker und Biologen) an einen persönlichen Gott, definiert als ein Wesen, zu dem man beten kann und von dem man möglicherweise eine Antwort erhält.

Als 1914 eine ähnliche Befragung vorgenommen worden war, hatte sich eine ganz ähnliche Prozentuale ergeben. Das spricht dafür, dass Freuds Hypothese aus »Die Zukunft einer Illusion« nicht zutrifft, in der er ein Abklingen des Gottesglaubens unter dem Einfluss des wissenschaftlichen Fortschritts voraussagte. Larson hatte die Namen der Befragten einem großen Verzeichnis amerikanischer Wissenschaftler entnommen. Als er dieselbe Frage an Spitzenforscher richtete, stellte sich heraus, dass weniger als 10 Prozent an einen »personal God« glaubten. Hat Freud also doch recht?

1. Die Suche nach Sinn

Zufällig ist während eines Regentages eine flache Schüssel auf der Terrasse stehen geblieben. Am nächsten Morgen sieht die Hausfrau entzückt, dass die Schale als Vogeltränke angenommen wird, ein niedliches Vögelchen pickt Wasser aus ihr. Als sie die Idylle ihrem Mann zeigen will, ihn ruft und nun noch einmal hinsieht, nimmt sie etwas ganz anderes wahr: Das niedliche Vögelchen ist eine hässliche Krähe, die im Rasen nach Würmern sucht. Für einen Augenblick hatten sich die Bilder der Schale und des Vogels auf ihrer Netzhaut mit ihrem Wunsch nach einer Idylle zu einer Wahrnehmung verdichtet. Sie sah, was sie sehen wollte.

Diese Szene beleuchtet die Dynamik unseres Erlebens: Wir sehen nicht, was unsere lichtempfindlichen Zellen reizt, sondern wir machen aus diesen Reizen etwas, das unsere Orientierung verbessert. Wir schaffen Zusammenhänge, stabilisieren unsere Welt. Die Macht des Gehirns über die Augen ist ebenso groß wie die Macht des Stolzes über die Erinnerung, welche bereits Nietzsche beschrieben hat:

»Das hast du getan, sagt mein Gedächtnis. Das kannst du nicht getan haben, sagt mein Stolz und bleibt unerbittlich. Endlich gibt das Gedächtnis nach.«

In diesen elementaren Konstruktionen von Sinn wurzelt das menschliche Streben, sich auch etwas so Großes und Umfassendes zu entwerfen wie einen Sinn des ganzen Lebens, des eigenen wie der Gesamtheit dessen, was wir an Sein fassen können. Gott ist die Formel für diesen Gesamtsinn. Wenn wir Gott suchen, werden wir ihn finden, ähnlich wie der Pilzesucher aus allen möglichen Formen und Farben, die nur von ferne einem begehrten Pilz ähneln, einen solchen macht. Und da Gott das ist, was unsere Alltagssinne überschreitet und jenseits der Naturkräfte siedelt, die wir prüfen und messen können, kann uns nichts davon abbringen, an ihn zu glauben. Nichts kann diesen Glauben widerlegen außer dem einen Einwand, dass wir ihn uns so sehr wünschen und doch niemals seiner gewiss sein können.

Der Pilzesucher kennt jenen Schauder, wenn er im Näherkommen tatsächlich das Begehrte findet und nicht erkennen muss, dass er irrte. Es gibt eine kleine Geschichte über Sigmund Freud, einen begeisterten Pilzsucher: Er fand nicht nur immer die schönsten Steinpilze, sondern er pflegte auch, wenn er ein besonders prächtiges Exemplar entdeckt hatte, dieses mit seinem Hut zu bedecken, mit einer Pfeife die anderen Sucher herbeizurufen und dann den Fund unter dem Hut hervorzuzaubern. So verwandelte er den Zufallsauftritt des Boletus porcinus auf dem Waldboden in einen von ihm inszenierten. Er hatte den Pilz gefunden; jetzt deutete er ihn.

Ist es lächerlich und respektlos, die Suche nach Gott mit der Suche nach Nahrung zu vergleichen? Ja und nein. Die Nahrung ist trivial und Gott erhaben. Doch haben die Religionsstifter aller Zeiten in den vielfältigsten Formen versucht, ihre erhabenen, abstrakten, ungreifbaren Vorstellungen in Fleisch und Blut, in Brot und Wein zu verwandeln. Der Suchende sollte nicht, wenn er dem Gegenstand seiner Suche nahe kam, enttäuscht entdecken, dass er nichts gefunden hatte. Er sollte zumindest ein Zeichen, ein Symbol finden – vielleicht etwas wie einen Hut, unter dem zwar nicht das Gesuchte zu finden ist, der aber doch geistige Wegzehrung, Ermutigung zu weiterer Suche, Festigung des Glaubens ermöglicht.

Daher rührt die Leidenschaft der Religionsstifter – auch jener anonymen des »Volksglaubens« – für heilige Steine und Bäume, Berge und Seen, für Bilder, für eine Heilige Schrift, in der geoffenbart ist, was sozusagen durch die Symbole konkret wird. Und während der lebendige Gott immer ferner rückte – vom Ahnengeist, Wildniswesen, von der Nymphe, Dryade, dem Flussgott, dem Vegetationsheroen zum Olympier, der im unzugänglichen Bereich des Tempels wohnte, schließlich zum einen Hochgott, der überall ist und nirgends –, waren doch die Priester immer damit beschäftigt, die ältere, primitivere Gottsuche zu entwerten und ihren neuen Glauben als den einzig wahren durchzusetzen.

Sollen wir den Sinnhunger der Psyche »Gott« nennen? Dieses rätselhafte Geschenk der Evolution, die Qualität des bewussten Erlebens, das es uns ermöglicht, zwei Wirklichkeiten zu unterscheiden, eine erlebte, die erst einmal nur subjektiv ist, und eine zweite, die subjektiv und objektiv ist? Das Leben, den Geist, Gott, die Ideale – Platon hatte schon recht, als er sie uns als Schatten beschrieb, die wir, angekettet in einer Höhle, als Einziges wahrzunehmen vermögen.

Die bisher nicht entkräftete Begründung für Gottes Existenz (und Nichtexistenz) ist die Fähigkeit des Gehirns, eine kohärente Welt entstehen zu lassen, in der wir uns orientieren können. Eine Weile hat uns Gott geholfen, das zu tun; dann hat ihn die Wissenschaft in die Defensive gedrängt, und jetzt leben wir in einer Welt, in der Gott gleichzeitig lebt und tot ist. Jedes Individuum ordnet, allein oder im Verein mit anderen, sich bekehrend oder andere bekehrend, seine Wahrnehmungen so, dass die Lebendigkeit oder der Tod Gottes sich in dieses Weltbild fügt.

Mit den neueren Mitteln der Beobachtung des tätigen menschlichen Gehirns lässt sich nachweisen, was Freud schon in seinem ersten Entwurf zu einer Psychologie konstruierte: Das bewusste Erleben ist der letzte, späteste Schritt in einem unbewussten, sozusagen zum Körper, zur Physiologie hin offenen Geschehen.

Da bildgebende Verfahren in unserer Mediengesellschaft besonders eindrucksvoll sind und eine öffentliche Aufmerksamkeit gewinnen, nach der ein nachdenklicher Beobachter ohne teures Equipment vergeblich sucht, folgte der (Wieder-)Entdeckung dieser Priorität des organischen Prozesses vor dem bewussten Erleben eine ebenso merkwürdige wie veraltete Debatte über die Freiheit des menschlichen Willens.

Wenn wir nachweisen können, dass eine Entscheidung im Nervensystem schon vollzogen ist, ehe wir sie bewusst erleben, dann bedeutet das doch, dass unser Freiheitsgefühl während dieser Entscheidung eine Illusion ist! Unser Erleben tapert Gehirnprozessen hinterher und behauptet, es habe sie gemacht, ähnlich dem Trunkenen, der behauptet, es gefalle ihm eben, die Rolle des Berauschten zu spielen, er könne aber, wenn er nur wolle, geradeso gut stocknüchtern sein.

So mag es sein, und doch mutet der Begriff der »Illusion« vage und oberflächlich an. Er ignoriert, dass das erlebende Ich sich schon immer als Ganzheit, als Identität begriffen hat, dass die Entscheidung nicht eine des Bewusstseins, sondern eine Entscheidung der Person ist, mit allen Nerven- und Muskelzellen, dass das Freiheits- und Entscheidungsgefühl als intuitive Wahrnehmung dieser Ganzheit mehr ist als die Summe seiner Teile. So darf es auch einer künstlichen Zerlegung in den »objektiv« im Kernspin erfassten Gehirnbefund und das »subjektive« Erleben widersprechen.

Auch dieser Widerspruch wird eher in den Nervenzellen sein als im Bewusstsein, aber das entkräftet ihn nicht. Und umgekehrt weiß jeder Praktiker der Psychotherapie, wie tief Erlebniswelten in die Körperzellen hineinwirken, wie sie die Immunabwehr stimulieren oder lähmen, körperliche Krankheiten begünstigen oder sich ihnen widersetzen.

In der traditionellen Rede von der Illusion ist diese blass, wirkungslos, »nur« Schein. Das aus einem Stück Holz oder einem Häufchen Laub von einer sehnsüchtigen Wahrnehmung geschaffene Bild des Steinpilzes ist »nur« eine Illusion. Das Gefühl jedoch, mit dem wir, näher herangetreten, das Laubhäufchen zur Kenntnis nehmen, unterscheidet sich gravierend von dem Triumph, wenn wir tatsächlich einen Pilz gefunden haben. In diesem Zusammenhang taucht eine

Szene auf, die den umgekehrten Verlauf signalisiert: wie die Illusion mächtiger werden kann als die Realität.

Zwei Männer laufen einen halben Tag lang auf der Suche nach den begehrten Steinpilzen durch den Wald. Ein einziger, stattlicher Pilz ist die enttäuschende Beute. Am Abend vor der Heimfahrt legt der Finder den Pilz auf einen Stein und drischt mit seinem Wanderstock auf ihn ein. Hier wird die Illusion – »Ich werde mit einem ganzen Korb voller Pilze heimkommen« – so mächtig, dass der einzige »ertappte« Pilz die Rache für die vielen ertragen muss, die sich nicht finden ließen. Das Beispiel verliert seine Harmlosigkeit, wenn wir den Terror gegen einen Touristen betrachten, der von einem Fanatiker niedergeschossen wird, weil er für eine verhasste Gegenmacht steht.

Illusionen – in ruhigen Zeiten erkennen wir sie, in unruhigen beherrschen sie uns. Bei klarem Verstand, in einer entspannten sozialen Situation können wir prüfen, ob das, wonach wir vorhaben uns zu verhalten, auch tatsächlich »wahr« ist. Aber unter emotionalem Druck, aufgewühlt, traumatisiert, verängstigt, empfinden die Menschen die Forderung, zwischen Illusion und Realität zu unterscheiden, als Zumutung. Sie sehnen sich nach erlösender Tat. Wenn der kritische Verstand keine anziehende Handlung bietet, greifen sie nach der Illusion – action is satisfaction. Goethe hat viel von den Resultaten der Gehirnforschung des 21. Jahrhunderts vorweggenommen, als er Faust nach langem Zögern die Übersetzung des Johannes-Evangeliums mit »Im Anfang war die Tat« beginnen lässt.

Ein Beispiel aus dem Alltag ist die Reaktion auf den Verlust eines Gegenstandes. Wir vermissen ihn und beginnen zweierlei: ihn zu suchen und uns zu erklären, was mit ihm geschehen sein könnte. In beidem verhalten wir uns häufig unsinnig, wobei wir gleichzeitig von diesem Unsinn zu wissen glauben, ohne unser Verhalten zu ändern.

Als mir in einer tschechischen Stadt das vor dem Hotel

geparkte Auto gestohlen wurde, wusste ich genau, wo ich es abgestellt hatte – dennoch suchte ich erst einmal die Nebenstraßen ab. Denn es war ein gar zu traumatischer Eindruck, dass es für immer verloren sein könnte, gegen den ich spontan Illusionen von einem wider meine genaue Erinnerung doch in einer Seitenstraße geparkten schwarzen Golf aktivierte. Auch als dann der Diebstahl Polizei und Versicherung gemeldet war, hatte ich immer noch eine besondere Beziehung zu jedem schwarzen Golf dieses Modells, den ich auf der Straße stehen sah; es hätte ja mein verlorenes Auto sein können.

Angesichts des Handlungshungers unserer so leicht emotionalisierbaren Psyche wird die kühle Distanz zur Illusion, wie sie uns Freuds Religionskritik vermittelt, selbst zu einer Illusion. Wenn buchstäblich Millionen zum Begräbnis eines Papstes nach Rom pilgern und dort in allen Schattierungen des Events und der Ergriffenheit feiern, entsteht eine psychische Macht eigener Art. Wieder ist sie vom Standpunkt des Forschers kritisierbar, aber diese Kritik lähmt die Forschung, sobald sie nicht mehr die interessierte Frage zulässt, weshalb zu bestimmten Epochen neue Illusionen so viel mehr Macht gewinnen als alte.

Vielleicht müssten wir uns zuerst fragen, ob nicht der Begriff der Illusion selbst eher theologisch gefasst werden muss. Denn die eindeutigsten Zuschreibungen, dass etwas »Illusion« sei, kennen wir aus der Religionsgeschichte. Sie treffen den alten Glauben, den ein neuer ersetzen soll. In keiner anderen Situation wird die Illusion so hartnäckig und nachdrücklich gegen die Realität gesetzt, wie von den Missionaren eines neuen Glaubens gegen die »betrügerischen« Priester eines alten.

So finden wir zu einer neuen Fragestellung: Wir suchen nicht mehr nach Antworten auf die Frage, ob etwas Illusion sei oder Realität, sondern erkunden die Kräfte, die zur Metamorphose der Illusion zur Realität, der Realität zur Illusion beitragen. Illusion ist kein Zustand, sondern ein Prozess.

Wie der Wanderer im Märchen mit seinem Zauberstab vor sich einen Steg baut, der hinter ihm wieder verschwindet, so ist unsere Wahrnehmung ein Prozess, in dem wir ständig Bilder schaffen, die sich im Näherkommen als Illusionen entpuppen. Wenn aber die Bilder, die als Illusionen entlarvt werden, nicht einmal »real« gewesen wären, hätten wir unseren Ausgangspunkt nicht verlassen.

Solange die Vögel die Vogelscheuche für einen gefährlichen Wächter gehalten haben, fürchteten sie sich, die Erbsen aufzupicken. Irgendwann erkennen sie, dass die Vogelscheuche nicht »wirklich« gefährlich ist. Das ist nur der Bauer, der am Abend mit der Schrotflinte kommt, um seinen Acker zu schützen.

Fassen wir zusammen:

Die menschliche Erlebniswelt lässt sich unter dem Gesichtspunkt der Illusion in drei Bereiche gliedern:

1. Den mathematisch-empirisch fassbaren, auf den sich alle menschlichen Kulturen einigen konnten. Es gibt keine Kultur, die dafür missioniert, dass zwei plus zwei fünf sei, dass Wasser nicht bei 100 Grad Celsius kocht, sondern bei zehn, oder dass es besser ist, Boote aus Ziegelsteinen zu mauern, als sie aus Holz zu fertigen. Das Ideal ist hier die *Gültigkeit* – es gibt richtige Rechnungen und falsche.
2. Den Bereich der Ästhetik, der Meinungen über Benehmen und Geschmack, in dem sich die Individuen darüber einig sind, dass es sich um persönliche Vorlieben handelt. Manche Menschen schwärmen für Kuchen, andere essen lieber Fleisch oder Käse; manche wollen Wein trinken, andere Bier, andere nur Wasser oder Tee. Der Kern dieses Bereichs ist die reine Geschmackssache, in der es keine anderen Zwecke gibt. Das Ideal ist hier die *Schönheit* bzw. die Lust – alles, was gute Gefühle weckt.

3. Den religiösen Bereich, in dem einerseits verbindliche Forderungen aufgestellt werden, die nicht durch den persönlichen Geschmack verändert werden dürfen (etwa Schweinefleisch zu essen, das Böcklein in der Milch seiner Mutter zu sieden, am Freitag statt des Bratens einen Fisch zu verzehren), es andrerseits aber keine mathematisch-empirische Begründung gibt, keinen überkulturellen Konsens. Das Ideal ist hier die *Wahrheit*, die zu einem Sinn führt, der die physische Natur überschreitet. Es geht um Transzendenz und Metaphysik.

Für die Aufgaben einer analytischen Untersuchung trennen wir diese Bereiche. Im Alltag verschmelzen sie in der Regel. Der Gläubige findet Schweinefleisch ungesund und seinen Verzehr wider die menschliche Natur; ihm wird übel, wenn er nur daran denkt. Wenn in seiner Kultur diese Meinung nie in Frage steht und es genügend koscheres Essen gibt, wird sich daraus nie ein Problem entwickeln – wohl aber, wenn der Gläubige sehr hungrig ist und weit und breit keine anderen Speisen findet als die verbotenen.

Interkulturell neigen die aufgeklärten Zivilisationen dazu, den schriftlosen Kulturen zu unterstellen, sie könnten gar nicht zwischen diesen Bereichen unterscheiden. Paul Parin erzählt eine Anekdote zu diesem Irrglauben. Der Weiße trifft einen Afrikaner, der zwei verkrüppelte Zehen hat. Dieser erzählt ihm, welcher Zauberer den Fluch auf ihn gelegt hat, der dazu führte, dass eine seiner Zehen Schaden litt. Darauf zeigt der Europäer auf die zweite verwachsene Zehe und fragt: »Und wer hat diese Zehe verhext?« Der Afrikaner lächelnd darauf: »Es ist Schmutz unter den Nagel geraten, er hat geeitert und ist abgefallen, kennst du solche Krankheiten nicht?«

Wir begegnen in dieser Anekdote einem typischen Bedürfnis des technisch-wissenschaftlich geprägten Menschen: Er möchte Zusammenhänge vereinheitlichen. Ohne diese Haltung könnten wir in einer technischen Welt nicht überleben. Stromführende Leitungen sind immer gefährlich, ein Automobil, das bei hoher Geschwindigkeit die Fahrbahn verlässt, wird immer zur Todesfalle. Wer die bewiesene Kausalität respektiert und die unbewiesene ignoriert, lebt leichter.

Darüber hinaus hat die Naturwissenschaft viele Ursachen aus dem Chaos unserer Eindrücke herausgefiltert. Einst hielten wir sie für übernatürlich. Sie öffneten dem guten oder dem bösen Zauber, den Engeln, den Göttern und auch noch dem einen Gott zahlreiche Eintrittspforten in unser Erleben.

Man könnte sagen, dass die Fortschritte der Naturforschung das traditionelle Gottesbild geschwächt haben, bis Nietzsche dieses Siechtum mit seinem Satz »Gott ist tot« überspitzte. Aber die Dinge liegen komplizierter, nicht nur, weil es schon in der Antike Atheisten gab, sondern auch weil die Definitionen von Gott zu vielgestaltig sind, um ihn mit einer einzigen Formel erledigen zu können. Wenn Gott tot ist, muss er irgendwann gelebt haben. Wenn er aber gelebt und gewirkt hat – warum? Und wenn er es heute nicht mehr tut – warum nicht mehr? Das sind psychologische Fragen, welche eine reine Kritik der dogmatischen Religion verfehlt. Diese Schwäche des Freud'schen Denkens angesichts der »heißen« Religion wird uns noch ebenso beschäftigen wie diese Unterscheidung selbst.

Die Psychoanalyse steht ganz deutlich, selbst der Name ist der Chemie entlehnt, in der Tradition der naturwissenschaftlichen Ursachensuche. Der Chemiker ist das Musterbeispiel für den Forscher, der komplexe Erscheinungen in wenige, einfache, genau definierte Bestandteile zerlegt und die Gesetzmäßigkeiten dokumentiert, nach denen sich diese Elemente verbinden.

Mit diesem Ansatz der seelischen Elemente, die Verbindungen (Assoziationen) eingehen und sich zu größeren Einheiten (»Komplexen«) zusammenfügen, haben Freud und anfangs noch unabhängig von ihm C. G. Jung jene Menschen erforscht, deren »nervöse« Erkrankungen den Ärzten Rätsel aufgaben, ohne dass sich ein Erreger finden ließ.

Freud konzentrierte sich dabei auf die hysterischen Patienten, C. G. Jung auf die geisteskranken, die damals noch unter der Diagnose einer vorzeitigen Denkschwäche (Dementia praecox) in Anstalten wie das Burghölzli in Zürich kamen.

2. »Die Zukunft einer Illusion«

Religion ist vieles; Religionsstiftung und Religionskritik aber sind meist Politik, oft Politik, die ihrer selbst nicht bewusst ist. Unter diesem Gesichtspunkt ergeben sich neue Perspektiven auf Freuds Positionen. Selten ist in einer Schrift gelassener und gleichzeitig rücksichtsloser über Religion diskutiert worden als in Sigmund Freuds 1927 erschienener Schrift »Die Zukunft einer Illusion«. Verglichen mit dem wenige Jahre später erschienenen Essay über »Das Unbehagen in der Kultur« wirkt Sigmund Freuds religionskritischer Essay optimistisch. Hier steht die berühmt gewordene Formulierung:

»Wir mögen noch so oft betonen, der menschliche Intellekt sei kraftlos im Vergleich zum menschlichen Triebleben, und recht damit haben. Aber es ist doch etwas Besonderes um diese Schwäche; die Stimme des Intellekts ist leise, aber sie ruht nicht, ehe sie sich Gehör geschafft hat.«

Über weite Strecken hin führt Freud einen Dialog; er versucht, zweckmäßige Gründe für die Religion zu finden und diese durch Vernunftgründe zu entkräften. Seine These ist, dass die Religion als Menschheitsphänomen den Neurosen vergleichbar ist. Sie tritt an jenen Stellen der Entwicklung auf, an denen eine im Kindheitsstadium verharrende Menschheit unbrauchbare Triebwünsche nicht durch Vernunft beherrschen kann, sondern diese angstvoll verdrängen muss. Neurotische Symptome wie religiöse Rituale, die magischen Handlungen Zwangskranker gleichen, entstehen dann, wenn solche Unterdrückungsakte nicht mehr ausreichen.

»Die Religion«, stellt Freud fest, *»wäre die allgemein menschliche Zwangsneurose, wie die des Kindes stammte sie aus dem Ödipuskomplex, der Vaterbeziehung. Nach dieser Auffassung wäre vorauszusehen, daß sich die Abwendung von der Religion mit der schicksalshaften Unerbittlichkeit eines Wachstumsvorgangs vollziehen muß, und daß wir uns gerade jetzt mitten in dieser Entwicklungsphase befinden.«*

Freud musste die Veröffentlichung gegen den Widerspruch seiner politisch denkenden Mitstreiter in der psychoanalytischen Bewegung durchsetzen. Diese sahen die Etablierung der Analyse durch derlei Kulturkritik gefährdet. Eines der Motive, weshalb sich Freud über diese Bedenken hinwegsetzte, war seine Sorge, dass ohne klare Worte die psychotherapeutische Hilfe als weltliche Seelsorge von den Konfessionen vereinnahmt und ihrer Eigenständigkeit beraubt werden könnte.

Der Psychotherapeut hat an sich viel weniger mächtige Werkzeuge als der Arzt, dem Medikament und Skalpell zur Verfügung stehen. Vielleicht ist er deshalb auch besonders eifersüchtig auf alle anderen Einflüsse, denen seine Patienten ausgesetzt sind – Rivalität mit anderen Helfern, Heilpraktikern, Geistheilern, Ärzten, guten Freunden, Ehepartnern, Eltern usw. gehört zu den konfliktträchtigen Elementen der psychotherapeutischen Szene. Diese Dynamik hat sich in Begriffen wie »parent-bashing« niedergeschlagen. Kindertherapeuten haben so oft den Eltern die Schuld an den Problemen ihrer Schützlinge gegeben, dass von den Supervisoren ein Gegenmodell entwickelt wurde, um solches Einschlagen auf andere wichtige Objekte im therapeutischen Feld als Kunstfehler zu problematisieren.

Als Freud die psychoanalytische Methode mit ihrem Ideal der rationalen Aufklärung über das Unbewusste, des Aushandelns von Kompromissen zwischen störendem Trieb und zielbewusstem Ich entwickelte (sehr schön dargestellt in dem Gleichnis einer Störung seines wissenschaftlichen Vortrags durch einen betrunkenen Raufbold, den Freud in der Vorlesung an der Clark-Universität gebrauchte), hat er auch eine Gegenbesetzung aufgebaut. Sie richtete sich gegen das, was er früher selbst ausführlich praktiziert hatte und von dem auch die analytische Methode viel weniger befreit ist, als es dem von Freud begründeten Mythos entspricht: gegen die Suggestion, die Magie des beschwörenden im Gegensatz zur Wirkung des deutend-aufklärenden Wortes.

Wenn wir die Situation heute betrachten, wird uns klar, dass Freud irrte, als er eine Entwicklung voraussah, in der die Menschheit parallel zum Fortschritt der Wissenschaft zwangsläufig der Religion entwächst. Freud ist hier ein Erbe Darwins und ein uneingestandener Bruder von Karl Marx: Wenn erst einmal ein Gesetz erkannt ist, lässt sich auch ein Entwicklungsprozess voraussagen. Marx hat den Untergang des Kapitalismus aus dessen Widersprüchen vorausgesagt; auch Freud ist in »Die Zukunft einer Illusion« ganz Aufklärer; er setzt auf den Sieg der Vernunft über das Irrationale und wird dadurch seinen eigenen Entdeckungen über die Macht des Irrationalen über die Vernunft teilweise untreu.

Diese Untreue rächt sich. Freud muss sich von seinem Freund Romain Rolland sagen lassen, dass er mit der Religion längst nicht so sorgfältig umgegangen sei wie mit den Neurosen. Er hat die religiösen Gefühle und Phantasien nicht in den Menschen, an den Orten ihrer Entstehung, und nicht einmal in seinem eigenen Bewusstsein erforscht. Er hat sie einem Vergleich unterworfen, in ein Schema gezwungen, das nicht aus der analytischen Arbeit selbst kam, sondern auf der Übertragung analytischer Modelle und zum Teil sogar psychiatrischer Diagnosen (wie »Zwangsneurose«) beruhte.

Noch ein weiterer Punkt ist erklärungsbedürftig: Warum geht Freud mit der Religion so viel unfreundlicher um als mit der Kunst? Dieser gesteht er in der Leonardo-Arbeit ein Geheimnis zu, das der Forscher respektieren müsse; in dieser sieht er kulturfestigende Sublimierungen am Werk. Aber die Religion ist immer dasselbe, sie ist primitive Illusion, es gibt in ihr keine Niveau-Unterschiede.

So erreicht in Freuds Schrift die Trennung zwischen Religion und Vernunft einen Höhepunkt. In unserer vor-aufklärerischen Tradition gab es keine solche Trennung. Es ist eine aus der Distanz der Aufklärung gewonnene Interpretation, dass eine traditionelle Gesellschaft durch religiöse Rituale zusammengehalten wird. In traditionellen Kulturen selbst ist faktisch nur eine religiöse Sicht der Gesellschaft möglich.

Die Neuzeit ist dadurch charakterisiert, dass nicht mehr der traditionsverbundene Gläubige, sondern der zu neuen Märkten aufbrechende Entdecker die Szene beherrscht. Lange sind diese Entdecker noch gläubig, aber sobald sie ihre Aufmerksamkeit auf die menschliche Gesellschaft richten, müssen sie herausfinden, dass die religiösen Selbstverständlichkeiten sich gerade nicht von selbst verstehen, sondern erklärt werden können und müssen. Forschungsreisende in Außen- und Innenwelten brechen aus ihren tradierten Zusammenhängen auf, »den Marschallstab im Tornister«, entschlossen, ganz anders zu werden als ihre Väter oder Mütter.

Freud war sich sicher, dass die Religion diese Beweglichkeit nicht nur nicht mehr gestalten kann, sondern sie lähmt. Er vergleicht sie mit einem Brauch, den Schädel von Kindern zu deformieren, was dann die Messungen der Anthropologen unmöglich macht. Wenn wir den betrüblichen Gegensatz zwischen der strahlenden Intelligenz eines gesunden Kindes und der Denkschwäche des durchschnittlichen Erwachsenen betrachten, müssen wir – so fordert er – doch erkennen, wie viel Schuld die religiöse Erziehung an solchen Verkümmerungen trägt. Hemmung der sexuellen Entwicklung und verfrühter religiöser Einfluss sind nach Freuds Auffassung die Quellen dieser Denkschwäche. Sie muss entstehen, wenn zentrale Gebiete der Neugier und (Sexual-)Forschung durch Indoktrination tabuisiert werden.

Die Psychoanalyse hat betont, dass es einen Unterschied gibt zwischen (lösbarem) neurotischem Elend und (unlösbarem) allgemeinem Leid. Sie bekämpfte die Versuchungen, wohlfeil zu trösten und illusionäre Hoffnung zu spenden.

Das Menschenbild der Analyse sollte von den Forderungen der Wissenschaft geprägt sein und diese in die Auseinandersetzung des Menschen mit seinen Ängsten und Nöten, mit Sexualwunsch und Aggressionslust hineintragen. Ziel war eine Persönlichkeit, die so reif ist, dass sie ihre tierischen und kindlichen Seiten nicht verdrängt, sondern erkennt und ihnen nicht mit Verboten, sondern mit Entscheidungen begegnet.

Gegenüber der biblischen Botschaft, dass schon der Gedanke an das Böse verwerflich ist, setzt die Analyse eine ausdrückliche Erlaubnis. Jeder Mensch, nicht nur der Bösewicht, ist unmündig, verführbar, triebbestimmt. Aber jeder kann auch seine Gegenkräfte stärken, kann Vorsichtsmaßnahmen ergreifen, Einsicht entwickeln, Selbstkritik üben, sodass ihn nicht plötzlich in Projektionen das unterdrückte Feindbild überfällt oder im Symptom ein fauler Kompromiss zwischen Wunsch und Zensur einschränkt. Diese Haltung ist egalitär. Nicht die Erbanlage unterscheidet den Gesunden vom Kranken, sondern der zumindest potenziell lösbare Konflikt. Niemand ist über seine Triebe erhaben, niemand kann sich selbst gänzlich erkennen; jeder aber ist in der Lage, seine Einsicht zu verbessern und so Einschränkungen zu überwinden, die ihm unbewusste Konflikte der Kindheit auferlegen.

Wer die gegenwärtige Therapieszene betrachtet, muss erkennen, dass von dieser kritischen Distanz zu Illusionen jeglicher Couleur wenig geblieben ist. Die therapeutischen Bewegungen sind zahlenmäßig weit stärker als zu Freuds Zeiten, in denen die Teilnehmer psychoanalytischer Kongresse noch auf ein Gruppenbild passten. Heute bringt eine der weniger bedeutsamen Therapieschulen – etwa die Gestalttherapie oder eine als NLP (Neuro-Linguistisches Programmieren) neu etikettierte Hypnose – zehnmal mehr ausgebildete Helfer und Heiler auf den Markt, als es in den zwanziger Jahren Psychoanalytiker gab.

Wurde die Illusionskritik dieser Massenwirkung geopfert? Wo Freud noch beschreibt, dass keine emotionale Beziehung ohne Ambivalenz ist und jedes therapeutische Bemühen an Grenzen stößt, steigern sich die Versprechungen seiner Epigonen bis zur Neuprogrammierung des Geistes, ja zur Neugeburt des ganzen Adam (»rebirthing-therapy«) und zum Durcharbeiten früherer Inkarnationen. In den Kleinanzeigen der Psycho-Zeitschriften wuchern Gurus und esoterische Themen.

Es ist, als hätten sich die Psychotherapeuten bemüht, dem biblischen Gleichnis vom gereinigten Haus nachzueifern. In die von Freud strengen wissenschaftlichen Idealen unterworfene Psychotherapie sind Astrologie, Kartenlesekunst und der Glaube an magische Kristalle zurückgekehrt. C. G. Jung, der Astrologie und I-Ging-Orakel ein Plätzchen in seiner Lehre schenkte, war hier ein Vordenker. Viele sind ihm in seiner im Streit mit Freud entwickelten These gefolgt, dass die »Komplexe« der individuellen Psyche tiefere Wahrheiten symbolisieren. Diese erschließen sich dem, der Märchen, Mythen und mystische Lehren ergänzend in das therapeutische Gespräch einführt.

Die psychoanalytische Religionskritik trat das Erbe der Aufklärung an. Freud stand zwischen gemäßigten und radikalen Verächtern der Religion. Er grub tiefer und wollte höher hinaus. Wenn die Erziehung nicht mehr missbraucht wird, um Menschen der Religion zu unterwerfen, hat das »psychologische Ideal«, der »Primat der Intelligenz« eine Chance. Erst wenn das Experiment einer irreligiösen Erziehung gescheitert ist, will sich Freud bereit finden, »die Reform aufzugeben und zum früheren, rein deskriptiven Urteil zurückzukehren: der Mensch ist ein Wesen von schwacher Intelligenz, das von seinen Triebwünschen beherrscht wird.«

Sekten und andere Formen verblendeter Idealisierungen sind heute Massenerscheinungen, die eher der pessimistischen Sicht Freuds recht zu geben scheinen als seinen Hoffnungen auf ein Erstarken des Intellekts angesichts der Verweltlichungen und der Durchtränkung des Alltags mit Technik. Die Dominanz gefährlich gewordener Prothesen lässt Ausschau halten nach irrationalen, illusionären Nischen, die Wärme und Geborgenheit versprechen.

Die psychologische Dynamik esoterischer Versprechungen hängt mit einem Innovationsbonus zusammen. Der neue Glaube hat noch nicht das Sündenkonto und die Unfähigkeitsbilanz des alten; er hat noch keine kriminellen Päpste, keine Hexenverfolgungen, keinen institutionellen Hochmut, keine hierarchische Bequemlichkeit aufzuweisen. Wie viel geheuchelt wird, wie oft die Prediger des rechten Weges weitab von diesem wandeln, das sehen wir vielleicht nie deutlicher als in jenem Alter, dem der Märchendichter auch den Ausruf der Entdeckung zuschreibt: »Der Kaiser ist nackt!«

Es gibt hunderte von Therapierichtungen, die alle versprechen, seelisches Leid zu lindern und besser zu sein als die Konkurrenz. Die Möglichkeiten, sein psychisches Wohlergehen zu verbessern, entsprechen längst dem Overkill-Potenzial der Atomrüstung. Kein Leben reicht aus, um sie sich alle zu Gemüte zu führen. Anders als bei Medikamenten, die doch spezielle Indikationen haben, beanspruchen fast alle diese Therapieschulen, Ängste, Hemmungen und Depressionen zu lindern. Der Neuerungsglaube ist so groß, dass ein Scherzbold, der einmal in der populären Zeitschrift »Psychologie heute« einen Kurs in nichtverbaler Gesprächstherapie anbot, eine ganze Reihe Anmeldungen diplomierter Akademiker verbuchen konnte.

Die Illusion, mit der sich Freud auseinandersetzte, wirkt übersichtlich, geschlossen und – so paradox es klingt – rational, gemessen an den hektischen Bewegungen der Gegenwart. Die religiösen Fundamentalismen sind so wenig eine Rückkehr zu den Wurzeln des tradierten Glaubens, wie

Christbaum oder Muttertag ein germanischer Brauch. Sie wollen es uns nur glauben machen, ähnlich wie Mitteleuropäer zum Pow-Wow eines Indianerclubs nur in handgenähter Lederkleidung und mit echten Adlerfedern zugelassen werden, während die Originalindianer ihre Zeremonien in zerissenen Jeans und mit Rasseln aus Coladosen absolvieren.

Freud vertraute darauf, dass der wissenschaftliche Fortschritt einen humanistischen Materialismus fundieren kann. Aber er hat die Rationalität der Technik ebenso überschätzt wie die Macht der Aufklärung. Was heute vor allem deutlich wird, ist die Tatsache, dass der Fortschrittsglaube in seinen Versprechungen, die Utopie der Humanität zu realisieren, scheitern muss, wenn er die Last der von ihm selbst geschaffenen Probleme der Zukunft aufbürdet. Solange die technischen Fortschritte ihre eigenen Risiken nicht kontrollieren können, wecken sie eher Zweifel als Hoffnungen an der Durchsetzungskraft der leisen Stimme des Intellekts.

Freud war nach seiner eigenen Definition ein ungläubiger Jude. Seine Biografie gehört in jene Assimilationsbewegungen, deren spöttischer Protagonist der im Geburtsjahr Freuds (1856) verstorbene Heinrich Heine ist, der in »Die Zukunft einer Illusion« als »einer unserer Unglaubensgenossen« mit dem Vers zitiert wird:

*»Den Himmel überlassen wir
Den Engeln und den Spatzen.«*

Die jüdische Liebe zu einem aufgeklärten und weltoffenen deutschen Geist ist grausam enttäuscht worden. Im Judentum gilt heute weithin der Weg der Assimilation als Irrweg schlechthin. Es wird nicht mehr differenziert zwischen ungläubigen und ungetauften Juden, wie es Freud einer war, und getauften Juden, wie Alfred Adler. Die zionistischen Söhne schienen angesichts der Gestapo gegen ihre liberalen Eltern recht zu behalten. Die intellektuelle Elite, die den

Einschränkungen der Religion (unter der die Juden in Europa so lange zu leiden hatten) ihre agnostische Liberalität entgegensetzte, ist seit Auschwitz in ihrem Selbstbewusstsein gebrochen.

Gegenwärtig wird in der psychoanalytischen Geschichtsschreibung sogar wieder darüber diskutiert, ob der große Skeptiker Freud nicht Thora und Talmud weit stärker verpflichtet war, als er selbst es wahrhaben wollte. Freuds Biograf Peter Gay hat sich energisch gegen solche Versuche verwahrt, die Quellen umzudeuten. Aus der nun wiederum gewachsenen Distanz zu Assimilation und Rassismus, zur Entstehung und zum Verfall von Kulturen, die sich als Nationen deuten, können wir vielleicht sagen, dass auch diese Verfemung der Assimilation voreilig ist.

Vielleicht kommen wir zu dem Ergebnis, dass angesichts der unausweichlichen Reibungen des menschlichen Zusammenlebens Pendelbewegungen entstehen, in denen das gegenwärtige Übel immer durch eine Gegenbewegung lösbar scheint. Dann wären Weltbürger und Nationalist instabile Positionen, die sich kritisch von ihrem Gegenüber absetzen müssen, wäre das Schwanken zwischen der Sehnsucht nach frommer Geborgenheit und gemeinsamer Norm auf der einen, der Befreiung von engstirnigem Aberglauben auf der anderen Seite eine wiederkehrende Bewegung.

Sie spiegelt sich in der Psychoanalyse als Pendelbewegung zwischen Orthodoxie und Dissidenz. Gleichzeitig gibt es aber auch Positionen, deren Wiederkehr wir uns nicht vorstellen können, etwa die, dass die Psychoanalyse einer »jüdischen« Denkweise entspringe oder sich eine germanische Seele von einer semitischen unterscheiden lasse.

3. Freuds Religionskritik vor dem Hintergrund seiner Biografie

In Freuds Persönlichkeit sind viele Widersprüche und Brücken angelegt, die ihn auf die Rolle des Entdeckers der analytischen Psychotherapie vorbereitet haben. Er war ein Aufsteiger in die akademische Welt; er hatte viele soziale Schritte als Erster seiner Familie zu bewältigen. Er war Kind in einer Familie, die große Spannungen überbrücken musste: Erstgeborener der zweiten Ehe seines Vaters, Sohn einer sehr jungen Mutter, ein nachgeborener Bruder starb früh, die Familie zog mehrmals um.

Freud ist der Gründer und damit in gewisser Weise auch das Symbol einer neuen Profession. Ihn besser zu verstehen heißt, die Geschichte dieses Berufs besser zu verstehen und damit auch die Identität einer neuen Gruppe von Helfern, die man als »Beziehungshelfer« den traditionellen, normativen Helfern vom Typus Priester, Lehrer, Arzt gegenüberstellen kann.[4]

Der Arzt handelt »objektiv«, er versachlicht den Patienten und vollstreckt an ihm die (Natur-)Gesetze der Heilung. Der Psychotherapeut hingegen orientiert sich subjektiv; er wirkt umso mehr, je persönlicher, individueller und kreativer er die emotionale Beziehung zum Kranken gestalten kann.

Folgerichtig erlernen Ärzte ihr Handwerk technisch in Sezierkursen, Schamanen und Psychoanalytiker in der Heilung einer eigenen Krankheit, in der Identifizierung mit einem Heiler, der ihr Vorbild ist. Er hat seine Krankheit vor ihnen bewältigt und kann ihnen nun zeigen, welchen Weg sie einschlagen müssen, um ihre eigene Krankheit zu bewältigen.

Freuds Vater war zwar selbst thorakundig und des Hebräischen mächtig, ließ aber seinen Sohn »in voller Unwissenheit über alles, was das Judentum betrifft, aufwachsen«.[5] Freuds Vater dachte, das Beste für seinen Sohn zu tun, indem er ihn aufforderte, sich zu assimilieren. Freud glaubte die meiste Zeit seines Lebens daran, es sei möglich, eine neue, aufgeklärte Kultur zu schaffen, in der ungläubige Juden und ungläubige Christen sich gemeinsam von aller frommen Verdummung abwenden.

In seiner »Selbstdarstellung« von 1925 schreibt Freud:

»Als Kind von vier Jahren kam ich nach Wien, wo ich alle Schulen durchmachte. Auf dem Gymnasium war ich durch sieben Jahre Primus, hatte eine bevorzugte Stellung, wurde kaum je geprüft. Obwohl wir in sehr beengten Verhältnissen lebten, verlangte mein Vater, daß ich in der Berufswahl nur meinen Neigungen folgen sollte. Eine besondere Vorliebe für die Stellung und Tätigkeit des Arztes habe ich in jenen Jugendjahren nicht verspürt, übrigens auch später nicht. Eher bewegte mich eine Art von Wißbegierde, die sich aber mehr auf menschliche Verhältnisse als auf natürliche Objekte bezog und auch den Wert der Beobachtung als eines Hauptmittels zu ihrer Befriedigung nicht erkannt hatte. Indes, die damals aktuelle Lehre Darwins zog mich mächtig an, weil sie eine außerordentliche Förderung des Weltverständnisses versprach, und ich weiß, daß der Vortrag von Goethes schönem Aufsatz ›Die Natur‹ in einer populären Vorlesung kurz vor der Reifeprüfung die Entscheidung gab, daß ich Medizin inskribierte.«[6]

Der junge Freud entwarf sich zunächst militärische Gestalten als Vorbild, etwa den Feldherrn der Karthager, Hasdrubal[7], der seinen Sohn Hannibal in einem Heiligtum schwören ließ, Rache an den Römern zu nehmen. Ein genialer semitischer Feldherr, der übermächtige Feinde in vernichtenden Schlachten besiegt, war einer der imaginären Väter Freuds. Die Phantasie, ein von der römischen Kirche »besetztes« Land erobern zu können, lag im Wien nach 1867 in der Luft. Endlich hatten Juden zumindest auf dem Papier die gleichen Möglichkeiten wie Christen.

Freud hat sich immer zu einer liberalen politischen Haltung bekannt; konservativ-nationalistische Strömungen kamen für ihn so wenig in Frage wie Sozialismus. Die Grundlage zu dieser Entwicklung wurde in seiner Kindheit gelegt. Für einen Juden war der Liberalismus in der zweiten Hälfte des 19. Jahrhunderts die große Hoffnung, in einem nationalen, aber nicht klerikalen oder rassistischen Bürgertum eine neue Heimat zu finden, Schutz vor Diskriminierung und Pogrom. Überall kämpften Juden an der Seite liberaler Revolutionäre, in Frankreich, Deutschland, Ungarn und Russland. Zionismus und Sozialismus entfalteten erst später politischen Einfluss. Sie reagierten auf das geschwächte Projekt des Liberalismus.

Freuds Jugend in Wien war von einer Epoche bestimmt, in der die Utopie einer friedlichen, von Wissenschaft und Bildung getragenen, liberalen und multikulturellen Gesellschaft zum Greifen nahe schien. Seit 1848 hatte sich die Lage der Juden in der Donaumonarchie stetig verbessert. Um 1867 waren alle Reste rechtlicher Diskriminierung aufgrund der Religionszugehörigkeit beseitigt worden (die bis dahin beispielsweise jüdische Hebammen in nichtjüdischen Haushalten verboten). Juden waren wählbar, sie stellten Bürgermeister der liberalen Partei, »jeder fleißige Judenknabe (trug) also das Ministerportefeuille in seiner Schultasche«.[8]

Die Zahl der jüdischen Schüler des Gymnasiums, das Freud von 1865 bis 1873 besuchte, stieg während dieser Zeit von 44 auf 73 Prozent. In den 80er Jahren war mindestens die Hälfte der Ärzte, Journalisten und Anwälte in Wien jüdisch. Es war eine Aufbruchstimmung ohnegleichen. Niemand konnte voraussehen, dass die Verfolgung der »Ungläubigen« bald in weit bösartigerer Gestalt zurückkehren würde. Was Freud immer als seine »Weltanschauung« verteidigt und zur Grundlage der psychoanalytischen Haltung gemacht hat, wurzelt in dieser politischen Situation.

Im vorliberalen Österreich musste sich ein Jude, dem die rechtlichen Einschränkungen lästig waren, taufen lassen. Eine solche Demütigung wäre in der liberalen Zukunft, in der engstirnige Tradition dem wissenschaftlichen Fortschritt weichen muss, den Juden erspart geblieben. Es gab eine gemeinsame Welt für sie und für alle anderen, die sich der Welt geistig bemächtigen wollten. In dieser spielten Glaube, Hautfarbe, Herkunft und Geschlecht keine Rolle mehr.

Für Freud bedeutete der Satz: »Auch ich bin Jude geblieben«, dass er es für verfehlt gehalten hätte, den durch Geburt erworbenen Aberglauben gegen einen zufällig praktischeren zu tauschen, sich also – wie Heinrich Heine – aus Karrieregründen taufen zu lassen. Das wäre in der ersten Hälfte des 19. Jahrhunderts für eine Karriere in Verwaltung oder Militär noch unabdingbar gewesen.

Seit der liberalen Regierung in der Donaumonarchie schien die Möglichkeit greifbar nahe, solche Einschränkungen zu überwinden. Freud hat auf seine Weise für eine solche Zukunft gekämpft. Aus diesem Grund war für ihn der Bruch mit C. G. Jung so schmerzhaft. Er hatte die stürmische Hingabe des Schweizers an die gemeinsame Sache als Zeichen genommen, dass die Psychoanalyse Bindungen schaffen könnte, die Gegensätze des traditionellen Glaubens und der Herkunft überwinden.

Freud dachte als Gymnasiast daran, Jura zu studieren und Politiker zu werden. Während des Krieges von 1870 zwischen Frankreich und Deutschland hatte der 14-Jährige eine Karte des Kampfgebietes auf seinem Schreibtisch befestigt und die Schlachten mit bunten Fähnchen markiert. Er war auf der Seite der Deutschen.[9]

Freud glich einem Religionsstifter insofern, als er – persönlich ein bescheidener, schüchterner, in seinem Exhibitionismus sichtlich gehemmter und eher skeptischer Mensch – durch die Identifizierung mit seiner »Sache«, seinem »Neugebilde« so viel Stärke und Durchsetzungskraft gewann, dass er viele andere Menschen überzeugen und zu Aposteln machen konnte.

Sobald Freud die psychoanalytische Bewegung aufgebaut hatte, in der er (wie in seiner Schulklasse) der unangefochtene Primus war, blühte seine Kreativität auf und nahm eine mehr und mehr künstlerische Richtung. Er verzichtete bald auf den wissenschaftlichen Apparat und ging mit Fakten gelegentlich so sorglos um, dass ihn Böswillige als »Fälscher« brandmarken.[10]

Freud hat die Psychoanalyse geschaffen, aber umgekehrt schuf die Psychoanalyse auch Freud. Er unterwarf sich ihr, denn sie machte ihn stark, macht ihn unangreifbar.

Wie suggestiv Freuds Wünsche in dieser Richtung waren, zeigt die Gründung des »geheimen Komitees« während der Auseinandersetzungen mit C. G. Jung. Der Gedanke ging von Ernest Jones aus, der darüber mit Ferenczi sprach, worauf sich Ferenczi angeblich an entsprechende, schon früher geäußerte Wünsche Freuds erinnerte. Das Ergebnis war jedenfalls eine von Freud enthusiastisch begrüßte, aber auch zu einer Existenz im strikt Geheimen verpflichtete Männerrunde, die er mit goldenen Ringen ausrüstete, in die antike Gemmen gefasst waren.

Diese an Tolkiens Trilogie vom »Herrn der Ringe« anklingende Symbolik steht für einen regressiven Zug in der psychoanalytischen Institution. Der Gründer selbst wollte an den »demokratischen« Gremien der Internationalen Psychoanalytischen Gesellschaft vorbei im Geheimen für den Erhalt der reinen Lehre sorgen. Die Mitglieder dieses innersten Kreises sollten darauf hinwirken, dass keine der Grundlehren der psychoanalytischen Theorie verlassen würde.

In Jones' Brief an Freud, in dem er diesen Plan erläuterte, wird die Verbindung von »gründlicher Analyse« und Treue zu Freud geknüpft: »daß eine kleine Gruppe von Männern von Ihnen gründlich analysiert werde, so daß sie die reine Theorie, unverfälscht durch persönliche Komplexe, repräsentieren und so einen inoffiziellen inneren Kreis im Verein bilden und als Zentren dienen könnten, wo andere (Anfänger) hingehen und die Arbeit lernen könnten.«[11]

Jones hat diesen Vorschlag und Freuds Reaktion in seiner

Freud-Biografie wiedergegeben. Freud antwortete sogleich: »Was meine Phantasie sofort in Beschlag nahm, war Ihre Idee eines geheimen Konzils, das sich aus den besten und zuverlässigsten unserer Leute zusammensetzen solle, deren Aufgabe es sei, für die Weiterentwicklung der Psychoanalyse zu sorgen und die Sache gegen Persönlichkeiten und Zwischenfälle zu verteidigen, wenn ich nicht mehr da bin.«

Jones hat aber zwei weitere Sätze aus Freuds Antwort weggelassen: »Sie sagen, es war Ferenczi, der diese Idee aussprach, aber sie könnte meine eigene sein, geformt in besseren Zeiten, als ich hoffte, Jung werde einen solchen Kreis um sich versammeln, der sich aus den unabhängigen Führern der Ortsgruppen zusammensetzte. Jetzt muss ich leider sagen, daß eine solche Vereinigung unabhängig von Jung und den gewählten Präsidenten zu bilden ist.«[12]

Das dokumentiert ein wenig die Peinlichkeit, die für die »orthoxe« psychoanalytische Geschichtsschreibung in der Freundschaft zwischen Freud und C. G. Jung steckt.

4. Orden oder Feuerwehr? Die Auseinandersetzung zwischen Freud und Jung

Was soll die Psychoanalyse sein?

Eine Collage aus dem Briefwechsel von Sigmund Freud und C. G. Jung.

Jung an Freud:

»Gegenwärtig stehe ich überhaupt so ganz in der Mitte des Waagebalkens zwischen dionysisch und apollinisch, daß ich nicht weiß, ob es sich nicht lohnen würde, wieder ein paar der ältesten Kulturdummheiten, wie z.B. Klöster, einzuführen ... Aber die 2000 Jahre Christentum wollen äquivalent ersetzt sein.« (11.2.1910)

Freud an Jung:

»Ob wir nicht unseren Anhängern die Anlehnung an eine größere Gruppe mit einem praktischen Arbeitsideal bieten sollen? Es bildet sich ein ›Internationaler Orden für Ethik und Kultur‹, der solche Ziele verfolgt.« (13.1.1910)

Jung an Freud:

»Glauben Sie, daß dieser Orden irgend praktischen Nutzen haben könnte? Ist es nicht einer jener Forelschen Koalitionen gegen die Dummheit und das Böse, das wir ja doch lieben müssen, um von der Tugendobsession etwas loszukommen, die uns krank macht und die Existenzfreude verbietet? Soll eine Koalition ethisch etwas bedeuten, so darf sie nicht künstlich sein, sondern muß von den tiefen Instinkten der Rasse unterfüttert sein?« (11.2.1910)

Freud an Jung:

... ich dachte, wenn wir jetzt, solange der Orden in statu nascendi ist, mitreden, wird es sich leichter machen, die Ethiker zur Psychoanalyse hinüberzuziehen, anstatt die Psychoanalytiker zu Ethikern werden zu lassen.« (13.2.1910)

Jung an Freud:

»*Ein ethischer Orden aber mit seinem mythischen Nichts, dem keinerlei archaisch-infantile Triebkraft innewohnt, ist ein pures Vakuum und kann niemals etwas von der uralten Triebkraft, welche den Zugvogel übers Meer treibt und ohne die keine unwiderstehliche Herdenbewegung zustande kommt, im Menschen wecken.*« *(11.2.1910)*

Freud an Jung:

»*Angezogen hat mich der praktische, aggressive wie protektive Zug des Programms, die Verpflichtung, die Autorität des Staates und der Kirche in einzelnen Fällen, wo sie greifbares Unrecht tun, direkt zu bekämpfen und so gegen die großen Gegner der Psychoanalyse, die es einst sein werden, mittel eines größeren Aufgebotes von Personen und anderer Methoden als der wissenschaftlichen Arbeit gerüstet zu sein.*« *(13.2.1910)*

Jung an Freud:

»*Ich denke mir für die Psychoanalyse eine weit schönere und umfänglichere Aufgabe als das Einmünden in einen ethischen Orden. Ich denke, man müsse der Psychoanalyse noch Zeit lassen, von vielen Zentren aus die Völker zu infiltrieren, beim Intellektuellen den Sinn fürs Symbolische und Mythische wiederzubeleben, den Christum sachte in den weissagenden Gott der Rebe, der er war, zurückzuverwandeln, und so jene ekstatischen Triebkräfte des Christentums aufzusaugen, alles zu dem einen Ende, den Kultus und den heiligen Mythos zu dem zu machen, was sie waren, nämlich zum trunkenen Freudenfeste, wo der Mensch in Ethos und Heiligkeit Tier sein darf.*« *(11.2.1910)*

Freud an Jung:

»*An Ersatz für die Religion denke ich nicht; dies Bedürfnis muß sublimiert werden.*« *(13.2.1910)*

Jung an Freud:

»*Wie unendlich viel Wonne und Wollust liegt doch in unserer Religion bereit, wieder ihrer eigentlichen Bestimmung zugeführt zu werden! Eine echte und rechte ethische Entwicklung kann das Christentum nicht lassen, sondern muß in ihm emporwachsen, muß seinen Hymnus der Liebe, den Schmerz und das Entzücken über den sterbenden und Wiedererstehenden Gott, die mystische Kraft des Weines und die anthropophagischen Schauer des Abendmahles zur Vollendung führen – nur diese ethische Entwicklung macht sich die Lebenskräfte der Religion dienstbar. Ein Interessensyndikat aber stirbt nach zehn Jahren wieder aus.*« *(11.2.1910)*

Freud an Jung:

»*Mich aber sollten Sie für keinen Religionsstifter halten, meine Absichten reichen nicht so weit. Rein praktische, vielleicht diplomatische Erwägungen haben mich zu dem Versuch (den ich schon in Gedanken aufgegeben hatte) veranlasst ... Vielleicht zu diplomatisch gedacht. Gerne darauf verzichtet.*« *(13.2.1910)*

Jung an Freud:

»*Die Psychoanalyse macht mich ›stolz und unzufrieden‹*[13] ... *ich möchte sie verschwägern mit allem, was je wirksam und lebendig war.*« *(11.2.1910)*

Freud an Jung:

»*Der Orden sollte so wenig Religionsgemeinschaft werden wie etwa eine freiwillige Feuerwehr.*« *(13.2.1910)*[14]

In diesem Dialog, dessen Dynamik ich hier durch eine Collage aus den Originaltexten verdeutliche, steckt nicht nur einer der ersten Hinweise auf Jungs spätere Archetypen-Lehre (denn die Archetypen vergleicht er später mit ebendieser »uralten Triebkraft«, die den Zugvogel übers Meer führt). Er deutet hier auch seine Kritik an Freuds vorwiegend ethischer und rationalistischer Auffassung der psychoanalytischen Bewegung an, schließt aber mit einer Demutsgeste: »Für heute habe ich genug abreagiert, wes das Herz mir voll war. Ich bitte Sie, all diesen Sturm mir nicht übelnehmen zu wollen.« [15]

Ausgelöst hatte die Debatte freilich Freud mit seinem Vorschlag, sich an einen »Orden« anzuschließen, der die überkonfessionelle, liberale Ethik fördern wollte, welche er für eine wichtige Lebensbedingung der Psychoanalyse hielt.

Freud war überzeugt, dass wissenschaftliche Ehrlichkeit, rückhaltlose Wahrheitssuche und der hippokratische Eid vollständig ausreichen, um die psychoanalytische Bewegung mit einem ausreichenden Maß an Ethik und »Sinn« zu versorgen. Alle anderen Entscheidungen unterwarfen sich dann der Politik zugunsten der »Bewegung«. Daher hat er z. B. ausdrücklich gebilligt, dass die nach Nazi-Definition jüdischen Mitglieder die deutsche Gesellschaft für Psychoanalyse verließen, um diese unter dem Hitler-Regime zu erhalten. Er wollte das Fortbestehen der Psychoanalyse an einem ihrer Zentren – in Berlin – nicht einer politischen Zeichensetzung opfern.

C. G. Jung hingegen kündigt an, was Attraktivität und Problematik seiner Lehre gleichermaßen ausmacht: seine Nähe zum Pathos des Stifters einer neuen Form der Religion, in der Gegensätze vereint und Spaltungen überwunden werden. In der Briefstelle vom 11.2.1910 spricht er vom »weissagenden Gott der Rebe« und zitiert damit den von Nietzsche entwickelten Gegensatz zwischen Dionysos und Apoll, zwischen rauschhafter Inspiration und rationaler Kontrolle.

Jung hat Nietzsches Text über die Geburt der Tragödie wahrscheinlich in einer der Ausgaben nach 1886 gelesen. Damals hatte Nietzsche ein sehr ausführliches Vorwort verfasst, das für den Psychoanalytiker ebenso interessant ist wie für den verkappten Religionsstifter.

In diesem Vorwort nimmt Nietzsche sehr viel von Freuds kulturkritischen Thesen vorweg. Die »Lebensfeindlichkeit«, die Freud der Kultur schlechthin unterstellt, schreibt Nietzsche dem Christentum zu. Der »unbedingte Wille des Christentums, nur moralische Werte gelten zu lassen«, sei

»die gefährlichste und unheimlichste Form aller möglichen Formen eines ›Willens zum Untergang‹, zum mindesten ein Zeichen tiefster Erkrankung, Müdigkeit, Missmutigkeit, Erschöpfung, Verarmung an Leben, – denn vor der Moral (insonderheit der christlichen, das heißt unbedingten Moral) muß das Leben beständig und unvermeidlich Unrecht bekommen, weil Leben etwas essentiell Unmoralisches ist, – muß endlich das Leben, erdrückt unter dem Gewichte der Verachtung und des ewigen Neins, als begehrensunwürdig, als unwert an sich empfunden werden. (...) Gegen diese Moral also kehrte sich damals ... mein Instinkt, als ein fürsprechender Instinkt des Lebens; und erfand sich eine grundsätzliche Gegenlehre und Gegenwertung des Lebens, eine rein artistische, eine antichristliche. Wie sie nennen? Als Philologe und Mensch der Worte taufte ich sie, nicht ohne einige Freiheit – denn wer wüsste den rechten Namen des Antichrist – auf den Namen eines griechischen Gottes: ich hieß sie die dionysische.«[16]

In Jungs Rede von den »2000 Jahren Christentum«, die »adäquat ersetzt« werden sollen, spricht sich diese Nietzsche-Rezeption aus. Jung will der Menschheit geben, was ihr die christliche Moral genommen hat. Latent spricht er wie ein wiedergeborener Jesus. Der Leser ahnt den Machtkampf: Freud, zu dessen adoleszenten Idealen der Feldherr Hannibal gehörte, möchte Jung in sein Bild der Ziele einer psychoanalytischen Bewegung einbauen; Jung aber will die Psychoanalyse in den Dienst eigener Visionen stellen.

Jung verkürzt Nietzsches revolutionäre Phantasie zu einem Versöhnungsprojekt, einem Tausch: Das Christentum legt seine Leibfeindlichkeit ab und öffnet sich zur Weltreligion; in dieser Form darf es bleiben und weiter die Geschicke des Abendlandes lenken. Wie Nietzsche stammt auch Jung aus dem Milieu des protestantischen Pfarrhauses, in dem der Zwang zur »apollinischen« Rolle ebenso ausgeprägt ist wie die untergründige Faszination durch das Dionysische.

Freud hat Jung für sehr viel vernünftiger und gefestigter gehalten, als es dieser war. Jung wurde für die große Hingabe gestraft, mit der Freud in seiner vorausgehenden Männerfreundschaft mit Wilhelm Fließ versucht hatte, auf die abstrusen Größenideen des Freundes liebevoll einzugehen. Diesmal will Freud von Anfang an einen Riegel vorschieben.

Freud reagiert nicht auf das Bild des sozusagen in der Mitte des Waagebalkens zwischen apollinischen und dionysischen Wünschen gekreuzigten Freundes. Er beschäftigt sich nicht damit, wie sehr Jung zwischen seiner moralischen Überempfindlichkeit und Ehrpusseligkeit einerseits und seinen Triebbedürfnissen andrerseits hin- und hergerissen wird.

Freud hatte Jung durch die Wirren und Aufregungen der Liebschaft mit Sabina Spielrein begleitet. Er wusste, wie wackelig die moralischen Haltungen, aber auch die Fähigkeiten Jungs waren, der Scham über eigenes Versagen angesichts seiner moralischen Ansprüche standzuhalten. Man könnte sagen, dass Jung in diesem Brief mit dem Gedanken spielt, im Bündnis mit Freud (und Nietzsche) der ganzen Welt die Lösung jenes Konflikts zu schenken, den er selbst in seiner Beziehung zu Sabina Spielrein nicht bewältigen konnte.

Kurz zuvor, Ende Januar 1910, hatte Jung Freud von einer schweren Ehekrise berichtet, ausgelöst durch Eifersuchtsanfälle von Emma Jung.

»Zuerst ist meine Objektivität aus dem Konzept geraten (erster Hauptsatz der Psychoanalyse: Die Prinzipien der Freudschen Psychologie gelten für jedermann, ausgenommen den Analysator)[17], danach aber wieder eingerenkt worden, worauf meine Frau auch glänzend wieder ins Geleise gekommen ist. Die Analyse der eigenen Ehefrau gehört zum Schwierigsten, solange die gegenseitige Freiheit nicht zugesichert ist. Die Bedingung einer guten Ehe scheint die Zusicherung der Untreue zu sein.« (Jung 31.1.1910, Briefwechsel S.318)

Es ist wenig verwunderlich, dass Jung wenig später seine dionysischen Sehnsüchte ausbreitet, seine Wünsche, mit gutem Gewissen jenen Impulsen nachzugehen, die seine Frau so eifersüchtig machten. Freud ist skeptisch gegenüber Jungs Analyse der eigenen Frau. Hier werden Persönlichkeitsunterschiede deutlich: der seiner Frau treu ergebene, sozusagen zur Sublimierung entschlossene Freud und der sehr viel lebhafter an der Eroberung von Frauen interessierte Schweizer.

Freud will nichts von Dionysos wissen, will die antiken Götter als Gegenstände archäologischer und die aktuellen Glaubensvorstellungen als Gegenstände psychologischer Forschung. Die Sehnsucht nach Ekstase, nach dem später von Romain Rolland als »ozeanisches Gefühl« geschilderten Untergrunds der Religiosität betrachtet Freud mit tiefer Skepsis.

»Dies Bedürfnis muß sublimiert werden!« Da ließe sich mit Nietzsche, aber vielleicht auch mit Jung antworten: »O wie anders redete Dionysos zu mir! O wie ferne war mir damals gerade dieser ganze Resignationismus!«[18]

Freud war sensibel genug, um zu bemerken, was sich in Jung zusammenbraute und wie gefährdet der Freund durch seine Sehnsucht war, eine Religion zu stiften bzw. als »Retter« des Christentums aufzutreten. Freuds Interesse für die Religion wurzelt in den eigenen jüdischen, ebenso aber auch in den Bildungstraditionen des humanistischen Gymnasiums und in Freuds Sammelleidenschaft für archäologische Funde, der Vergessenheit entrissene »alte und dreckige Götter«.[19]

Angeregt durch Jungs Visionen begann Freud, sich mit den Anfängen der Religion, mit ihren »Urszenen« auseinanderzusetzen. Es geschah mit der Absicht, nicht die Psychoanalyse der Religion, sondern umgekehrt die Religion der Psychoanalyse zu unterwerfen. Jung hingegen dachte an eine in geheimnisvolles Dunkel getauchte Verbindung zwischen beiden, eine »Coniunctio Mystica«, wie eines seiner Spätwerke betitelt ist.

Das Schicksal der Freundschaft zwischen Freud und Jung enthält ein hohes Maß an persönlicher Bitterkeit, politischer Kontroverse und wirkte in den Feindschaften zwischen Freud- und Jung-Anhängern nach. Die Entfremdung von Jung hat sicher auch die Religionskritik Freuds verschärft.

Eine zunächst innige Nähe zwischen dem Schweizer Protestanten und dem Wiener Juden stand für den Glauben an die Zukunft einer Psychologie, die religiöse Gegensätze ebenso wie ihren Niederschlag in Vorurteil und Diskriminierung überwinden würde.

Beide verband anfangs, was sie später trennte: der Ehrgeiz, die psychischen Erkrankungen zu verstehen und mit diesem Ziel die engen Grenzen der medizinisch-naturwissenschaftlichen Forschung zu überschreiten. Beide waren hochgebildete, in den klassischen Fächern geschulte, an Philosophie, Geschichte und Politik interessierte Ärzte.

Diese Freundschaft stand für den Wunsch nach einer Zukunft, in der die Tiefenpsychologie über den Konfessionen steht und sie überflüssig macht. Uneinig wurden schließlich beide über den Weg. Solange sie befreundet waren, glaubte wohl jeder, der andere würde ihn auf dem seinigen begleiten.

Jung dachte daran, eine neue Mitte zwischen Heidentum und Christentum, Dionysos und Apollon zu finden. Freud hoffte, durch die Erkenntnis der Triebschicksale den Menschen zu ermöglichen, sich nicht mehr zu überschätzen, sich nicht zu überfordern, sondern sich der Vernunft und dem wissenschaftlichen Denken zu unterwerfen und mit dem Gebot einer Sublimierung primitiver Impulse zu begnügen.

Freud und Jung gerieten letztlich deshalb in Streit, weil jeder am missionarischen Anspruch des anderen scheiterte. Jung konnte Freud so wenig zu seiner Sicht »bekehren«, wie umgekehrt Freud Jung über dessen Anfangsbegeisterung hinaus festzuhalten vermochte.

Jungs Vorgehen erinnert an den Satz des Tancredi in dem Roman »Der Leopard« von Giuseppe Tommasi di Lampedusa: »Man muss alles ändern, damit alles bleibt, wie es ist!« Tancredi, selbst aus vornehmster Familie, schlägt sich auf die Seite der Revolutionäre Garibaldis, um dafür zu sorgen, dass nach der Revolution das Feudalsystem nicht angetastet wird.

Ähnlich hat C. G. Jung eine Tiefenpsychologie formuliert, die zwar die Religion vereinnahmt und psychologisiert, aber dadurch in ihren Begriffen so schillert, dass sie in der protestantischen, aber auch in der jüdischen Glaubenswelt kaum Anstoß erregt. Während Freud in persönlichen Äußerungen hartnäckig dabei bleibt, er sei ein ungläubiger Jude, hat sich Jung zum Christentum (freilich einem à la Jung) bekannt.

Der Bruch zwischen Freud und Jung

Seit April 1906 korrespondierte der Schweizer mit Freud; 1907 reiste er mit seiner Frau und Ludwig Binswanger nach Wien, um ihn persönlich kennenzulernen. Die erste Begegnung dauerte dreizehn Stunden und beeindruckte beide Partner tief. Für Freud bedeutete der neue Anhänger viel. Jung als »Arier« sollte die Psychoanalyse davor bewahren, eine vorwiegend jüdische Angelegenheit zu werden. Die Kontakte zwischen den Freunden waren aber von Anfang an nicht ohne inneren Zündstoff.

Wie sehr Jung unter Freuds Einfluss stand, zeigt seine 1909 erschienene Arbeit über »Die Bedeutung des Vaters im Schicksal des Einzelnen«. Dort sagt Jung: »Wenn wir jetzt alle weitreichenden Möglichkeiten der infantilen Konstellation überblicken, müssen wir sagen, daß unser Lebensschicksal im wesentlichen mit dem Schicksal unserer Sexualität identisch ist.«[20]

Freuds Trennung von Jung hing stärker mit einer Trübung der Beziehung als mit wissenschaftlichen Differenzen zusammen, die später – vor allem von Ernest Jones – als Begründungen nachgereicht wurden.

Freud wie Jung glaubten, etwas gefunden zu haben, was die seelischen Störungen erklärte. Anfangs waren sich auch beide einig, dass es die »Komplexe« waren, in erster Linie der Ödipuskomplex. Aber was sie gefunden hatten, waren Deutungen, keine Ursachen, die sich mit einem jener Krankheitserreger vergleichen ließen, die Robert Koch unter seinem Mikroskop beobachtet hatte. Deutungen sind so wahr und so falsch wie Götter. Wer an sie glaubt, den erhören sie; befreien ihn von Symptomen, orientieren sein Leben neu. Wer sich aber durch sie nicht bewegen lässt, wen sie innerlich nicht erreichen, der verändert sich auch nicht.

Die innere Bewegung, die ein unerlässlicher Bestandteil der Deutungswirkung ist, lässt sich nicht mit jener kausalen

Zuverlässigkeit erreichen, mit der Antibiotika auf Bakterien in der Petrischale des biologischen Experiments genauso wirken wie auf dieselben Erreger im Kreislauf eines fiebernden Patienten.

Wenn ich ein Messer untersuche und die Schärfe seiner Schneide prüfe, beschäftige ich mich mit einem Gegenstand, dessen Merkmale (Griff, Klinge, Material, Herkunft) objektiv sind und von anderen Untersuchern ganz genauso gesehen würden. Dazu kommen Qualitäten die subjektiv sind: Wie liegt es in der Hand, zu welcher Arbeit taugt es, zum Schnitzen von Holz oder zum Brotschneiden?

Wenn ich mich bei dieser Untersuchung in den Finger schneide, setzt sich diese Trennung in Subjektives und Objektives dramatischer fort: Ich kann die Hautverletzung betrachten (objektiv), aber ich spüre Schmerz und Angst (vor Blutverlust, Infektion). Andere Beobachter sehen die Wunde, aber sie fühlen meinen Schmerz nicht, sie können sich allenfalls in ihn »einfühlen«, indem sie sich an eigene Schmerzen, eigene Ängste erinnern.

Man könnte sagen: Der Mensch lebt in zwei Welten, einer objektiven und einer subjektiven. Während es für die Forscher im objektiven Bereich leicht ist, sich gegenseitig zu kontrollieren und miteinander zu einigen, da die Gegenstände für alle Beobachter konstant sind, ist die Forschung im subjektiven Bereich schwierig, die Einigung unzuverlässig. Wie gesagt: Wo Deutungen Götter sind, hängt es vom Glauben ab, ob wir sie ehren oder ignorieren.

Man sagt, dass die gemeinsame Sprache das wichtigste Merkmal einer kulturellen Einheit ist. Vielleicht ist eine gemeinsame Art, das Objektive zu deuten, noch vor dieser Sprache einigendes Merkmal. Dann ist die Entwicklung einer auf Deutungen gerichteten seelischen Kur ein Zeichen, dass die Gesellschaft ihre allgemeinverbindlichen Deutungen verloren hat und nun das Individuum nach seiner eigenen Deutungswelt sucht.

Nun wäre das Ganze viel einfacher, wenn wir uns leicht auf das einigen könnten, was »objektiv« und was »subjektiv« ist. Aber jede »gute«, d. h. wirksame Deutung muss den Anschein erwecken, sie sei »objektiv«, sei genauso ernst zu nehmen, so gewichtig, in ihren Folgen so unausweichlich wie das Objektive. Die theatralische Szene in Heinrich von Kleists »Penthesilea«, wo sich die Amazonenkönigin mit einem nur vorgestellten Dolch tötet, überspitzt das, erfasst aber das Wesentliche genau.

Die ungebrochene Beliebtheit der Astrologie hängt damit zusammen, dass Einflüsse auf etwas sehr Subjektives – nämlich das menschliche Temperament, die Persönlichkeit – mit etwas Objektivem verbunden werden. So hofft der Mensch, Macht über Unwissenheit, Leere und Zufall zu gewinnen. Selbst wenn diese Macht nicht real ist, tröstet sie doch jene, die an sie glauben.

Auch den Psychoanalytikern ist vorgehalten worden, sie würden so tun, als sei »objektiv«, was sich nur in ihrem Subjekt abspiele, sie redeten von den Wirkungen des Es oder des strengen Überich, des Ödipus- oder des Kastrationskomplexes, als seien das kleine Roboter, die im Innenleben ihr Wesen oder Unwesen treiben.

Wer verächtlich von Illusionen redet, drückt weniger sein Streben nach Aufklärung aus als sein Bedürfnis nach Macht. Er sieht in dem Glauben des anderen eine unerwünschte Konkurrenz und möchte gerne den eigenen an dessen Stelle setzen. Denn wie wir die Welt deuten, das hilft uns auf entscheidende Weise, Ängste zu binden und die vernichtenden Gewissheiten von Schmerz, Krankheit und Tod ihrer Macht zu berauben.

Schon früh ist beobachtet worden, dass in vielen Fällen nicht die Wunde, sondern die Deutung der Wunde den Kämpfer tötet. Wer sehr schwer verletzt ist, stirbt natürlich sofort, er verliert das Bewusstsein und kann keine Gegenkräfte entfalten. Aber leichtere Verletzungen bemerken Soldaten sehr häufig erst nach dem Kampf. Wenn sie gesiegt haben, heilen die Wunden; wenn sie geschlagen wurden und fliehen müssen, kommen sie um. Die Verluste von siegreichen Armeen waren immer viel geringer als die von fliehenden Truppen.

Das subjektive Erleben hat eine nicht selten unwiderstehliche Neigung, die in einer isolierten Privatwelt geschaffenen Bilder und Urteile so zu behandeln, als seien sie allgemeingültig. Die eigene Deutung ist die letztmögliche, sie erfasst die nicht mehr hinterfragbaren Ursachen, jeder, der zwei und zwei zusammenzählen kann, muss sie übernehmen. Demgegenüber sagt die Erfahrung, dass nichts unzuverlässiger ist als die Sicherheit, etwas gesehen, etwas erlebt zu haben.

In der Psychoanalyse ist der Gegensatz zwischen dem Ich und dem Es eine wichtige Denkfigur. Während das Ich dialogfähig ist, hat der Mensch zu seinem Es keinen besseren Zugang als zum Erleben einer anderen Person.

Der Analytiker navigiert am Rand von nicht überprüften Objektivierungen. Das geht gut, solange die persönliche Beziehung zwischen Analytiker und Analysand von Vertrauen und Wohlwollen geprägt ist. Es führt zu analytisch, d. h. durch Deutungen nicht mehr lösbaren Konflikten, wenn die persönliche Beziehung nicht mehr trägt. Freud an Jung:

»Mit der Lektüre zur Religionspsychologie geht es langsam. Eine der hübschesten Arbeiten, die ich jetzt (von neuem) gelesen, ist die eines bekannten Autors über die ›Wandlungen und Symbole der Libido‹. Vieles ist darin so gut ausgedrückt, daß man es als definitiv geformt im Gedächtnis behalten muß. Manchmal habe ich den Eindruck, als begrenze das Christentum allzu eng den Horizont. Es scheint mir auch gelegentlich mehr über den Dingen, als in ihnen zu stecken. Es ist aber das Beste, was der hoffnungsvolle Autor bisher von sich gegeben hat, nicht das Beste, was er noch leisten wird ... Da Sie dieser Autor sind, will ich direkter fortfahren und gestehen, daß es mir eine Quälerei ist zu denken, wenn ich jetzt den einen oder den anderen Einfall habe, dass ich Ihnen damit leicht etwas wegnehme oder auch mir etwas aneigne, was bequem Ihr Erwerb hätte werden können. Ich weiß oft nicht, was ich da tun soll, habe einige Briefe angefan-

gen, in denen ich Ihnen einzelne Ideen und Beobachtungen zur Verfügung stelle, und vollende sie doch nicht, weil ich das für noch indiskreter und unerwünschter halte als das andere Vorgehen. Warum, zum Teufel, mußte ich mich anregen lassen, Ihnen auf dieses Gebiet zu folgen? ... Wahrscheinlich werden wir aber so aneinander vorbeikommen, daß ich meine Gänge viel unterirdischer grabe als Sie Ihre Schachte ziehen, so daß ich Sie jedes Mal begrüßen kann, wenn ich wieder ans Licht komme.«[21]

Hier zeigt sich der Beginn der Trübung im freundschaftlichen Dialog zwischen Freud und Jung. Freud bemüht sich, seinen Ärger und seinen Ehrgeiz zu zügeln. Deutlich sind die Reaktionsbildungen: wie er Jung erst einmal indirekt anspricht, ihn versachlicht (»eines bekannten Autors«), ihn lobt und in diesem Lob die Kritik verbirgt (»nicht das Beste, was er noch leisten wird«), wie er von dem durch das Christentum beschränkten Horizont spricht und den Wunsch nach Zusammenarbeit unter Vorwänden unterdrückt (als ob Jung nicht frei wäre, mit dem zur Verfügung gestellten Material zu schalten und zu walten).

Freud geht so weit, sein eigenes Interesse an diesem Gebiet zu verwünschen und sich scheinbar als Gefolgsmann Jungs darzustellen (»Warum, zum Teufel, mußte ich mich anregen lassen, Ihnen auf dieses Gebiet zu folgen?«). Dann aber behauptet er doch, er, Freud, würde auf jeden Fall tiefer graben als Jung und bei Jung vorbeischauen, wenn er wieder an die Oberfläche komme.

Im November 1911, ging Jung auf Freuds Ängste ein und ignorierte dessen latente Aggression: »Sie graben die Edelsteine, ich aber habe den ›degree of extension‹ ... Gewiss werden Sie einiges vorausnehmen, aber das will nicht viel bedeuten, indem Sie ja doch schon das Größte vorweggenommen haben.«[22]

Ein halbes Jahr später wird der Bruch deutlicher. Freud ärgert sich, weil Jung behauptet, seinen Libido-Begriff weiterentwickelt und das Inzesttabu als symbolisches Phänomen erkannt zu haben. Was Jung für einen Fortschritt ausgibt, deutet er als eine Rückkehr zu vor-psychoanalytischen

Positionen, vergleichbar den Behauptungen Adlers, die Inzestlibido sei »arrangiert«.

Jetzt beginnen die Unterstellungen: Jung behauptet, Freud werde durch »starke affektive Gegengründe« gehindert, seine Sicht anzuerkennen; Freud bemüht sich erst noch und erklärt, die »wissenschaftliche Differenz« solle den »persönlichen Beziehungen« nicht Abbruch tun.[23] Aber von jetzt an redet Freud Jung brieflich nicht mehr mit »Lieber Freund« an, er kehrt zu »Lieber Herr Doktor« zurück, was dieser mit »Lieber Herr Professor« erwidert. Insgesamt ist diese Phase des Briefwechsels ein treffendes Beispiel für die Psychologie der Verneinung: Indem Freud wie Jung nicht müde werden, zu behaupten, die »wissenschaftlichen« Differenzen seien keine persönlichen und würden die Beziehung unangetastet lassen, kündigen sie den Bruch an und bereiten ihn vor.

Dieser entspinnt sich in zwei Phasen: Die erste ist vom Konflikt um die richtige Deutung geprägt, die zweite vom Kampf, wer jetzt wessen Neurose diagnostizieren und als Ursache für die Uneinigkeit dingfest machen darf. In der Konkurrenz von Deutungen geht es um die Dimension der »Tiefe«, damit des »letzten Grundes«, das die eigentlich theologische Kategorie des Urgrunds jeder Bewegung, des primum movens spiegelt.

Freud beginnt scheinbar harmlos, erläutert, warum er während der letzten persönlichen Begegnung mit Jung in Ohnmacht gefallen sei, erklärt das »nach meiner privaten Diagnostik« für »eine qualifizierte Migräne (vom Typus der M.ophthalm)«, gesteht aber auch »ein Stückchen Neurose« zu, »um das man sich doch kümmern sollte«.[24] Dann kommt aber doch noch ein »wissenschaftlicher« Seitenhieb, eine Deutung des »wahren Inhalts« von Jungs Arbeit.

Freud behauptet, Jung habe den Psychoanalytikern in seiner Arbeit »Wandlungen und Symbole der Libido« eine »große Aufklärung geschenkt…wenn auch nicht die, welche Sie beabsichtigten. Es scheint, daß Sie darin das Rätsel aller Mystik gelöst haben, welche auf der symbolischen Verwendung der außer Dienst gestellten Komplexe ruht.«

Damit bietet Freud eine für Jung unerträgliche Mischung aus Demut und Überheblichkeit, persönlichem Bedürfnis und intellektueller Zurechtweisung. Er gesteht seine Verwundbarkeit ein, unterstellt aber Jung ein nicht weniger »komplexgebundenes« Denken.

Freud sagt indirekt, dass Jung in seiner neuen Deutung des Inzests und seiner Auffassung der Libido zum Mystiker geworden sei, der außer Dienst gestellte Komplexe nicht erkennt, sondern symbolisch umformuliert. Der Mystiker leidet somit »eigentlich« an unbewussten Komplexen, deren Analyse durch einen Psychoanalytiker von rechtem Schrot und Korn dazu führen würde, ihre Wurzeln in der kindlichen Sexualphantasie zu erkennen. Dadurch würde sich das mystische Bedürfnis von selbst erledigen.

Jung hingegen ist überzeugt, etwas gefunden zu haben, was viel weiter reicht als der Inzestkomplex. Dieser ist nur ein Symbol, ein Zeichen für etwas weit Größeres, Umfassenderes, aus dem Jung später die Lehre von den Archetypen entwickeln wird. Und jetzt schnappt die Deutungsfalle zu; Freud hat sie schließlich selbst gespannt, als er freimütig von seinem Stück Neurose sprach.

Scheinheilig dankt der empörte Jung »herzlichst für eine Stelle in Ihrem Briefe, wo Sie von einem ›Stück Neurose‹ sprechen, dessen Sie nicht los sind. Dieses ›Stück‹ ist meins Erachtens sehr ernst zu nehmen, denn es geht, wie die Erfahrung lehrt, ›usque ad instar voluntariae mortis‹.[25] Ich habe an diesem Stück bei Ihnen gelitten, obschon Sie das nicht gesehen und nicht richtig eingesehen haben, als ich meine Einstellung zu Ihnen erklären wollte. Wäre dieser Schleier weg, so würden Sie auch, des bin ich sicher, ein anderes Verhältnis zu meiner Arbeit gewinnen.«

Es ist lehrreich zu beobachten, wie angesichts der Auseinandersetzung mit dem Thema der Religion die beiden großen Vordenker der Tiefenpsychologie den Gestus des Analytikers opfern und in den Gestus des Prediger und Priesters regredieren, den sie doch einst energisch als unanalytisch und unwissenschaftlich verworfen haben.

Während dem Analytiker klar ist, dass das Ergebnis einer analytischen Aufklärung offen ist und es der Entscheidung des Analysanden obliegt, was mit dem Gewinn an innerer Freiheit zu geschehen hat, weiß Jung das Ergebnis schon vorweg: Freud wird, wenn er endlich seine Neurose erkannt hat (die proportional zu Jungs gegen Freud gerichteten Bekehrungswünschen an Umfang und Tiefe beträchtlich zugenommen hat), endlich die Überlegenheit seines Freundes in diesem Punkt anerkennen.

Angesichts der Freud'schen Deutung von Jungs »Mystik« reduziert Jung jetzt die bisher gepflegte Demutsgeste auf die reine Floskel und richtet sich sozusagen zu voller Größe auf: »Lieber Herr Professor, verzeihen Sie mir noch einmal, aber dieser Satz zeigt mir, daß Sie sich des Verständnisses meiner Arbeit dadurch berauben, dass Sie sie unterschätzen. Diese Erkenntnis, von der Sie sprechen und in der Sie einen Gipfel vermuten, liegt ganz unten am Berg. Diese Einsicht ist für uns seit Jahren selbstverständlich.«[26]

Die Debatte über den Deutungsweg, der Jung auf einen Gipfel führt, während sich Freud noch unten am Berg befindet, greift die früheren Metaphern von den »tiefen« und den »ausgedehnten« Schächten auf und enthüllt die damals nur angedeutete Rivalität. Im persönlichen Streit wiederholen die beiden Gegner ein Muster, das wohl so alt ist wie die Religionsgeschichte: »Mein Gott ist größer als deiner!« hat sich ermäßigt: »Meine Deutung ist gültiger als deine!« Während der strikte Naturwissenschaftler ebenso wie der Aufklärer sich der Entmythologisierung verpflichtet fühlt, entspinnt sich hier die Rivalität um den gültigeren Mythos. Nach einigem Hin und Her kündigt Freud Jung die Freundschaft. Hier sein letzter persönlicher Brief:[27]

»Im übrigen ist Ihr Brief nicht zu beantworten. Er schafft eine Situation, die im mündlichen Verkehr Schwierigkeiten bereiten würde, im schriftlichen Weg ganz unlösbar ist. Es ist unter uns Analytikern ausgemacht, daß keiner sich seines Stückes Neurose zu schämen braucht. Wer aber bei abnormem Benehmen unaufhörlich schreit, er sei normal, erweckt den Verdacht, daß ihm die Krankheitseinsicht fehlt. Ich schlage Ihnen also vor, daß wir unsere privaten Beziehungen überhaupt aufgeben. Ich verliere nichts dabei, denn ich bin gemütlich längst nur durch den dünnen Faden der Fortwirkung früher erlebter Enttäuschungen an Sie geknüpft, und Sie können nur gewinnen, da Sie letzthin in München bekannt haben, eine intimere Beziehung zu einem Mann wirke hemmend auf ihre wissenschaftliche Freiheit. Nehmen Sie sich also die volle Freiheit und ersparen Sie mir die angeblichen ›Freundschaftsdienste‹. Wir sind einig darin, daß der Mensch seine persönlichen Empfindungen den allgemeinen Interessen in seinem Bereich unterordnen soll. Sie werden also niemals Grund finden, sich über Mangel an Korrektheit bei mir zu beklagen, wo es sich um Arbeitsgemeinschaft und Verfolgung wissenschaftlicher Ziele handelt; ich kann sagen, so wenig Grund späterhin wie bisher. Anderseits darf ich dasselbe von Ihnen erwarten.«

Jung antwortet wenig später:

»Ich werde mich Ihrem Wunsche, die persönliche Beziehung aufzugeben, fügen, denn ich dränge meine Freundschaft niemals auf. Im übrigen werden Sie selbst am besten wissen, was dieser Moment für Sie bedeutet. ›Der Rest ist Schweigen‹.«

Mit diesem Hamlet-Zitat schließt C. G. Jung seinen letzten persönlichen Brief an Freud.[28]

Jung hatte Freud ein streitbares Angebot gemacht: »Raufen wir!« Ins Intellektuelle übertragen, ist ja der Streit, wer wen deuten darf, nichts anderes als (Geschwister-)Rivalität. Wenn der Kranke Heilung sucht, ist er in der Regel bereit, dem Arzt die Deutungsmacht zu überlassen; ähnlich, wenn der Schüler lernen will. Vermutlich entlud sich in Jungs Angriff auch eine unterdrückte Spannung, die wir besser verstehen, wenn wir uns klarmachen, dass Jung in dem Kreis um Freud isoliert war, sowohl was den Wiener Zirkel anging wie auch die Berliner Gruppe. Er hatte keine Freunde unter den Anhängern Freuds.

Was meinte Freud mit dem »dünnen Faden der Fortwirkung früher erlebter Enttäuschungen«? Jung hat nicht fragen können, welche früher erlebten Enttäuschungen Freud an ihn banden. Er war zu sehr in seiner Kränkung und in der Überschätzung Freuds gebunden, dem er alles meinte zumuten zu können. Andernfalls wäre vielleicht doch eine Analyse der Sehnsucht Freuds nach einer Form der Freundschaft zustande gekommen, die bereits Breuer und Fließ enttäuscht hatten.

Jung erwähnt in seiner Autobiografie eine Szene, in der Freud ihm gegenüber seine Ängste äußerte, seine Autorität zu verlieren, wenn er offen über seine (vermutlich sexuellen) Einfälle zu einem Traum spräche, wie das Jung in dem Briefwechsel immer wieder unbefangen tun konnte.[29] Auch hier reagiert Jung mit der Dynamik des primitiven Narzissmus, der zwischen Idealisierung und Entwertung keine Mitte finden kann.

Er entwertet Freud von nun an insgeheim und hält nach außen noch einige Jahre an der Idealisierung Freuds fest. Er ist nicht in der Lage, Freuds Schwächen einfühlend wahrzunehmen, so wenig wie dieser selbst.

»Ozeanisches Gefühl« oder Suche nach dem Vater?

Der Faden, den Freud erwähnt, gleicht jenem dünnen Seil, mit dessen Hilfe die Matrosen das mächtige Tau an Land ziehen, mit dem sie das Schiff am Kai verankern. Freud hatte sich so intensiv an Jung gebunden, dass er den Streit mit ihm nicht ertragen, die liebevollen Gefühle nicht über die Kränkung hinüberretten konnte. Umgekehrt war auch Jung so von Freuds Anerkennung abhängig, dass Kleinigkeiten genügten, um ihn zu cholerischen Ausbrüchen zu erhitzen.

Wenn er also von einem »dünnen Faden« spricht, meint Freud in Wahrheit ein sehr dickes Seil, eine Nabelschnur, in der nur Gutes transportiert werden kann. Wenn dieses Gute nicht mehr ungemischt und ungetrübt fließt, ist auch keine Beziehung mehr möglich. Es gehört in diesen Kontext, wie Freud Romain Rolland antwortet, als dieser das »ozeanische Gefühl« als Wurzel der Religion gegen die von Freud behauptete Vater-Anlehnung setzte.

Freud behauptete, dieses ozeanische Gefühl aus eigenem Erleben nicht zu kennen. Das verwundert nicht, wenn wir seine Dimension auf den »dünnen Faden« reduziert sehen. Es veranschaulicht aber Freuds Schutzbedürftigkeit, die er auch in seinem Bekenntnis formuliert hat, er gehöre zu dem Stamm der Asra, »welche sterben, wenn sie lieben«.[30]

Freud war eine widersprüchliche und komplexe Persönlichkeit von außergewöhnlicher intellektueller Begabung, belastet durch eine große innere Unruhe, die er durch seine Nikotinsucht leidlich steuern konnte, einerseits kämpferisch-ehrgeizig und wahrheitsdurstig, andererseits auf ein hohes Maß an emotionaler Sicherheit angewiesen, wenn er auf der Höhe seiner Fähigkeiten funktionieren sollte.

Die »alten und dreckigen Götter«[31] seiner Sammlung bewachten ein Leben, das in äußerst regelmäßigen Bahnen verlief. Freuds Leidenschaft, die Rätsel des Triebes, des Traumes, der Wahnbildungen Nervenkranker zu erforschen, hängt eng mit dem Bestreben zusammen, ein möglichst hohes Maß an Einblick in ebenjene Aspekte des Lebens zu gewinnen, die sich menschlicher Kontrolle entziehen, die ein traumatisiertes Kind als Quelle größter Verunsicherung erleben muss. Die Sammelleidenschaft für Kleinplastiken fügt sich in diese Haltung. Sie sind tastbar, sichtbar, ideale Übergangsobjekte im Sinn von Donald Winnicott.[32]

Die Welt der Jahrhundertwende war aus den Fugen. Die traditionellen Strukturen des Feudalsystems konnten die Potenziale der liberalen Strömungen nicht mehr binden. Freigesetzt, auf Selbstverwirklichung angewiesen und doch in ihr beschnitten, konnten weder Frauen noch Männer die Widersprüche ihrer Rollen verarbeiten. Die traditionelle Medizin, durch die Zellularpathologie auf einen naturwissenschaftlichen Dogmatismus eingeengt, verstand die wachsende Schar der »Nervenkranken« nicht.

Freud hatte Großes im Sinn. Auf dem Umweg über die Wissenschaft verfolgte er politische Ziele. Er wollte einen Beitrag zu einer besseren Welt leisten, das Programm des aufgeklärten Liberalismus umsetzen und die Entwicklung zu einer Gesellschaft unterstützen, in der allein die wissenschaftliche Rationalität herrscht und Menschen, die von etwas nichts wissen, sich bereitwillig einem Wissenderen unterwerfen.

In der psychoanalytischen Bewegung versuchte Freud, diese Gesellschaft im Kleinen vorwegzunehmen. Daher war er von C. G. Jung so fasziniert – und so enttäuscht. Er hatte gehofft, die Enkel von Rabbinern und Pastoren könnten an einer gemeinsamen, von psychoanalytischem Wissen durchdrungenen und durch dieses Wissen human gemachten Zukunft bauen.

Selbst wenn wir eine Parallelwelt phantasieren, in der Freud und Jung Freunde bleiben, in der Zürich, nicht London Freuds Zufluchtsstätte vor der Gestapo wird, können wir den viel grausameren Schlag gegen alles, was Freud gewollt und geglaubt hatte, nicht wegdenken.

Es ist die rassistische Überwältigung seines einst geliebten Deutschland, vor der getaufte (wie Alfred Adler) und gottlose Juden in gleichem Maße fliehen mussten. Freud und seinem Haushalt ist die Flucht dank der internationalen Beziehungen der Psychoanalyse geglückt. Seine vier Schwestern wurden ermordet.

Freuds Überzeugungen von einer gerechten Welt, in der er leben und die er nach seinen Kräften aufbauen wollte, hätte es widersprochen, den veralteten jüdischen Glauben gegen den in seinen Augen noch weniger respektablen Christenglauben zu tauschen. Freilich wirken Christen, die den Juden zur Taufe pressen, harmlos neben den rassistischen Antisemiten, die nicht mehr gegen einen fremden Glauben, sondern gegen unreines Blut vorgehen.

Dieser neue Antisemitismus hat den Fortschritt einer wissenschaftlichen Weltkultur in die Utopie einer umfassenden Humanität nicht nur aufgehalten, sondern mit pseudowissenschaftlichen, »rassenkundlichen« Argumenten rückgängig gemacht.[33]

Freuds Religionskritik lässt sich nur bedingt aus seiner Rolle als Jude ableiten, der für eine liberale Zukunft kämpft. Mindestens ebenso wichtig scheint mir das humanistische Gymnasium gewesen zu sein. Es weckte in Freud die Liebe zu der polytheistisch-erotischen Welt der Antike, an der er die verlogene Gegenwart maß. Freuds Sammelleidenschaft konzentriert sich darauf, diese antike Welt fassbar zu machen, Götter und Göttinnen, die dem Eros huldigen. Seine Reisen nach Rom, Palermo, Syrakus, Athen steht für diese Prägungen so gut wie seine Neigungen zur Archäologie, die sich in zahlreichen Metaphern in seinem Werk niederschlägt.

Freud ist in seinem Kunstgeschmack Klassizist geblieben, dem die Moderne missfällt, weil sie zu weit von den erhabenen Vorbildern der Antike abweicht. Die wichtigsten Modelle der Psychoanalyse tragen griechische Namen: Ödipus-Komplex, Narzissmus. Freud hat im Geistigen vollendet, was Winkelmann begonnen hatte. Wie dieser die Schnörkelwelt des Rokoko ästhetisch erledigte, hat er den Viktorianismus moralisch erledigt und versucht, die Religion naturwissenschaftlich zu erledigen.

Die Psychoanalyse – eine missionierende Bewegung?

Warum aber wollte Freud seine Erkenntnisse nicht einfach veröffentlichen wie andere Wissenschaftler auch? Warum entwickelte sich um ihn eine Bewegung, deren Verhalten von Beobachtern mangels besserer Metaphern mit einer religiösen Sekte mit ihren eigenen Konzilien, Abtrünnigen, Ketzerverfolgungen und Märtyrern verglichen wurde?

Zwei Beobachtungen erscheinen mir hier wichtig: Freud hat diese Bewegung nicht gemacht. Sie entstand in einem Interaktionsprozess. Er war nicht weniger das Opfer seiner Anhänger wie diese seine Geschöpfe.

Psychotherapie ist bis heute weit stärker als die technischen Disziplinen der Medizin oder die theoretischen Gebiete der Psychologie auf persönliche Beziehungen angewiesen. Sie arbeitet in ihnen, mit ihnen und muss sich ständig mit ihnen auseinandersetzen, will sie nicht lebenswichtige Qualitäten einbüßen.

Die sozialen Gründe für die immer noch mangelhafte Integration der Psychoanalyse in die Wissenschaften vom Menschen sind komplex. Sie hängen damit zusammen, dass Freud aus der Universität ausgeschieden war und dort keinen Rahmen für seine neuen Gedanken fand. Daher organisierte er die psychoanalytische Bewegung privat in eigenen Gruppen, deren erste Freuds Mittwochsgesellschaft war, die ganz ähnlich funktionierte wie die Gruppe 47 in der Literaturszene der BRD.

So begann die moderne Psychotherapie nicht als Teil der etablierten Einrichtungen, sondern als Antithese zu ihnen, als Bewegung, ähnlich der Jugendbewegung, der kommunistischen Bewegung und anderer innovativer sozialer Kräfte, deren rückwärts gerichtete Karikatur später die faschistischen Bewegungen wurden.

Solche Bewegungen entfalten eine Dialektik, die Abgrenzung und Abstand zu den etablierten Einrichtungen fördert: Weil sie dort nicht anerkannt werden, entwickeln sie eigene Maßstäbe. Um sich abzugrenzen, werden diese Maßstäbe sehr pointiert und kompromisslos vorgetragen. Die Bewegung entwickelt ihre eigenen Rituale, wer dazugehört und wer nicht. Einsatz für die Bewegung ist wichtiger als formale Qualifikation: Freud förderte nach Kräften medizinische Laien, weil sie ausschließlicher der psychoanalytischen Arbeit zugewandt waren als Ärzte, die Psychoanalyse neben anderen Methoden der Therapie praktizierten. Kurzum: In ihrer Institution als Bewegung ähnelte die Psychoanalyse einem missionierenden Orden, obwohl sie ihren Inhalt als wissenschaftlich definierte.

Die psychoanalytische Therapie griff tiefer in die Persönlichkeit der Menschen ein, die sie ausübten, als das traditionelle Formen der Medizin, aber auch der Pädagogik zu tun pflegen. Es dauerte recht lange, bis den Beteiligten die Konsequenzen dieser Neuerung klarer wurden, noch viel später entwickelten sie institutionelle Antworten – wie die Lehranalyse und die Supervision.

Diese Probleme betrafen nicht nur die Beziehungen der Kranken zum Analytiker, die unter dem Begriff der Übertragung erforscht wurden. Sie galten auch für die Beziehungen der Therapeuten untereinander, in denen die Rolle des Kranken vakant war, je nach den Machtbedürfnissen umkämpft (wie zwischen Freud und Jung) oder in ebendieser Vakanz beklagt (wie von Ferenczi oder Tausk, die gerne mehr Analyse durch Freud gehabt hätten).

Freud stand in seinen politischen Anschauungen allem Dogmatismus fern. Aber er war lange Jahre Arzt gewesen, ehe er Psychoanalytiker wurde, und wusste als Kind der Donaumonarchie sehr genau, was sich gehört und was nicht. Er setzte seine gefestigten ärztlich-moralischen Haltungen bei seinen Anhängern voraus. So trug er ahnungslos dazu bei, dass viele Menschen Psychoanalytiker wurden, deren Charakter den Anforderungen dieses Berufs nicht gewachsen war.

Freud glaubte an die Macht der Vernunft und die Politik des Liberalismus. So dachte er zuerst, jeder gründliche Leser seiner Schriften könnte und dürfte die Psychoanalyse ausüben. Geschäftstüchtige Autoren, die in den Jahren nach dem Ersten Weltkrieg in New York und Boston Fernkurse anboten und behaupteten, jeden in sechs Wochen zum Analytiker machen zu können, waren nur ein wenig weiter in der Richtung gegangen, die Freud anfangs eingeschlagen hatte.

So mussten die Ortsgruppen der psychoanalytischen Bewegung Möglichkeiten finden, wilde Analyse in geordnete Bahnen zu lenken. Die Amerikaner, die am meisten unter den Kurpfuschern zu leiden hatten, steuerten auch am weitesten in die Gegenrichtung. Sie suchten allen Nichtärzten (»Laien«) den Zugang zu versperren, was Freud allein schon deshalb nicht gutheißen konnte, weil er viele solcher Laien ermutigt hatte, Analytiker zu werden (Hanns Sachs, Theodor Reik, Otto Rank und last not least Anna Freud).

5. Die Religionskritik in Freuds Schriften[34]

Freuds Religionskritik wurde durch die Auseinandersetzungen stimuliert, die er mit C. G. Jung führte. Sie kündigen sich in der Arbeit über Leonardo an, die während der ersten Differenzen mit Jung entstand, und erreichen einen ersten Höhepunkt in »Totem und Tabu«.

In diesem Buch mit dem Untertitel »Einige Übereinstimmungen im Seelenleben der Wilden und der Neurotiker« sind vier Essays gesammelt. Der erste untersucht die Inzestscheu der Primitiven und verbindet sie mit dem Ödipuskomplex. Der zweite verknüpft Tabu und Ritual mit den Handlungen Zwangskranker und der Ambivalenz unserer Affekte. Ähnlich der dritte Essay, in dem Freud den Glauben an die Allmacht der Gedanken, den Animismus und die Magie untersucht. Hier kommt er zu dem Schluss, dass Neurotiker im Behandlungszimmer in einer sehr ähnlichen Weise magisch denken, wie es die Feldforscher den »Primitiven« zugeschrieben haben.

Die kühnsten Gedanken enthält der vierte Essay, in dem Freud eine Spekulation von Charles Darwin mit einer Konstruktion des Anthropologen Robertson Smith zu einem Gedankengebilde verknüpft, das poetisch eindrucksvoll bleibt, auch wenn ihm die Verifizierung ebenso fehlt wie die Wahrscheinlichkeit. Denn keine schriftlose Kultur, die jemals erforscht wurde, war so beschaffen, wie es Darwin behauptet hat. Freud geht es hier darum, die Entstehung der Kultur ebenso wie die des so verbreiteten Glaubens an den »getöteten Gott« zu erklären.

Nach Darwins, und hier in der Rezeption Freuds, sichtlich vom Dämon des viktorianischen Bürgertums geprägter Vision lebten die vorgeschichtlichen Menschen in kleinen Gruppen, deren jede von einem starken, eifersüchtigen Männchen dominiert wurde, das alle Weibchen für sich haben wollte und alle Söhne vertrieb.

Robertson Smith hatte die Totem-Vorstellungen der Primitiven untersucht, in denen Verwandtschaftsverhältnisse durch einen Tier-Ahnen definiert werden. Dieser ist seinen »Nachkommen« heilig, darf von ihnen nicht gejagt und nicht verzehrt werden. Von dieser Regel gibt es aber die Ausnahme des Totem-Festes, in dem das sonst Verbotene feierlich erlaubt, das Heilige rituell verzehrt wird, ein Brauch, den das Christentum in der Eucharistie sublimiert (»Dies ist mein Leib«).

Freud fügt nun die aus der Phobie des »kleinen Hans« bekannte symbolische Gleichsetzung von Pferd und kastrierendem Vater hinzu und kommt zum Vatermord, mit dem die Menschheit psychologisch den Übergang vom Animalischen zum Kulturellen vollzieht.

»Eines Tages taten sich die ausgetriebenen Brüder zusammen, erschlugen und verzehrten den Vater und machten so der Vaterhorde ein Ende. Vereint wagten sie und brachten zustande, was dem einzelnen unmöglich gewesen wäre.«[35]

Durch das Schuldbewusstsein der Söhne wurde der Tote mächtiger als der Lebendige; was er durch seine Macht verhindert hatte, verboten sie sich jetzt freiwillig, versagten sich den ungehemmten Genuss der befreiten Frauen und richteten das Inzestverbot auf. So wuchs aus der Ursünde die menschliche Kultur.

Von Forschern bezweifelt, ist »Totem und Tabu« das psychoanalytische Lieblingsbuch der Literaten geworden; Thomas Mann hat es hoch geschätzt. In seinen düsteren Bildern wird Freuds Eifersucht auf die Propheten deutlich. Er kündet nicht den künftigen Gott, sondern entzaubert und belebt dessen animistische Frühform. Denn die Wilden, die ihr Totem verehren, sind doch wir Neurotiker von heute.

Der wachsende Erfolg seiner Bücher und der von ihm veranlassten Zeitschriften seit 1908 haben Freud nie gehindert, immer wieder zu betonen, wie anstößig die Psychoanalyse sei und wie viele Feinde sie sich mache. 1917 systematisiert Freud diese märtyrerhafte Form der Grandiosität in einer zuerst in der »Imago« veröffentlichten Arbeit: »Eine Schwierigkeit der Psychoanalyse«.

Demnach hat die Entwicklung der Wissenschaft der Menschheit drei schwere Kränkungen zugefügt: Kopernikus hat sie belehrt, dass der menschliche Wohnsitz keineswegs im Mittelpunkt des Weltalls ruht. Charles Darwin hat dem Menschen, der sich als Krönung der Schöpfung und Gottes Ebenbild feierte, erklärt, er sei ein Tier unter anderen, einigen Arten näher, anderen ferner verwandt. Die Psychoanalyse schließlich habe den Menschen am empfindlichsten getroffen. Sie habe das Bewusstsein entmachtet und erklärt, »daß das Ich nicht Herr sei in seinem eigenen Haus«.

Die Psychoanalyse, schließt Freud, hat den Lehren großer Philosophen (wie Schopenhauer, dessen »Wille zum Leben« mit dem Triebkonzept Freuds gleichgesetzt werden könne) nur das eine voraus, »daß sie die beiden dem Narzißmus so peinlichen Sätze von der psychischen Bedeutung der Sexualität und von der Unbewußtheit des Seelenlebens nicht abstrakt behauptet, sondern an einem Material erweist, welches jeden einzelnen persönlich angeht und seine Stellungnahme zu diesen Problemen erzwingt«.[36] Gerade darum lenke sie eine Abneigung gegen sich, die sich gegen den großen Namen des Philosophen nicht zu erheben wage.

Wer Freuds Spätwerk studiert, das sich in den Jahren nach den Umwälzungen durch den Ersten Weltkrieg entwickelt, findet Vertrautes und Fremdes zugleich. Der Autor schreibt noch denselben klaren und eindringlichen Stil, aber er hat es aufgegeben zu polemisieren.[37] Auch klinische Einzelheiten beschäftigen ihn nicht mehr so wie früher. Freud hat heimgefunden zu seinen ursprünglichsten, philosophischen und politischen Interessen. Er findet das Gebäude seiner Psychoanalyse unerschütterlich und stellt sich den großen Menschheitsfragen in der Haltung eines Freigeistes und Freiheitsbringers.

»Die Zukunft einer Illusion« pendelt zwischen schonungsloser Analyse und Überlegungen über die praktischen Folgen solcher Gedanken. Wie angesichts der Frage, ob die Psychoanalyse Kulturkritik sei oder Behandlungstechnik, die Freud in seinen etwas früher veröffentlichen Überlegungen zur »Laienanalyse« diskutiert hat, treibt Freud auch hier die Argumentation mit dem Stilmittel des sokratischen Dialogs voran.

Er lässt seinen imaginären Gegner sprechen:

»Archäologische Interessen sind ja recht lobenswert, aber man stellt keine Ausgrabungen an, wenn man durch sie die Wohnungen der Lebenden untergräbt, so daß sie einstürzen und die Menschen unter ihren Trümmern verschütten.«[38]

Freud wehrt sich mit verschiedenen Argumenten gegen die Aussage, er nehme den Menschen ihre Hoffnungen. Einmal wiederhole er doch nur längst Bekanntes, ergänzt durch ein wenig Psychologie; weiter sei er sicher, dass sich kein Frommgläubiger allein durch rationale Argumente abbringen lässt – und schließlich sei der Einzige, dem die Veröffentlichung vielleicht schade, er selbst. Er sei es aber gewohnt, sich über das Missfallen seiner Zeitgenossen hinwegzusetzen und im Übrigen sicher, bald jeder Gunst und Missgunst entrückt zu werden.

Sein Kampf gegen die Religion sei ein Kampf für die geistige Entwicklung der Menschheit:

»Denken Sie an den betrübenden Kontrast zwischen der strahlenden Intelligenz eines gesunden Kindes und der Denkschwäche des durchschnittlichen Erwachsenen. Wäre es ganz unmöglich, daß gerade die religiöse Erziehung ein großes Teil Schuld an dieser relativen Verkümmerung trägt?«[39]

Freud hat sich mit zwei Reaktionen auf »Die Zukunft einer Illusion« literarisch beschäftigt, das erste Mal in einem ursprünglich 1928 in der »Imago« erschienenen Artikel über den Brief eines amerikanischen Lesers.

Er habe, selbst Arzt, eines Tages auf dem Seziertisch die Leiche einer alten Frau gehabt, deren liebes Gesicht ihn zu dem Gedanken veranlasst habe, wenn Gott eine solche Frau sterben lasse, könne es ihn nicht geben. So habe er um ein Zeichen gebeten, ihn auf dem jetzt beschlossenen Weg in den Unglauben aufzuhalten, und in der Tat habe Gott ihm während der nächsten Tage klargemacht, dass die christliche Lehre wahr und die Bibel das Wort Gottes sei. Er bete jetzt, dass auch Freud diese Erleuchtung zuteil werde.

Freud antwortet ironisch, Gott habe für ihn so viel noch nicht getan und müsse sich beeilen, denn wenn er die innere Stimme nicht bald erklingen lasse, werde er bis zum Ende bleiben, was er jetzt sei, »an infidel jew«, ein ungläubiger Jude.[40] Freud analysiert die Szene dann nach dem Muster der ödipalen Faszination des Kindes durch den Anblick des zur Entblößung bestimmten Leibes der Mutter. Er verbindet die erste Empörung gegen Gott damit, dass das Kind glaubt, der Vater habe die Mutter im Sexualakt misshandelt und getötet. Die »innere Stimme«, die den Abtrünnigen zurückruft, deutet Freud dann konsequent als erneute Unterwerfung unter den Vater-Gott.

Die zweite, ungleich wichtigere Arbeit im Gefolge der »Zukunft einer Illusion« ist »Das Unbehagen in der Kultur«. Hier setzt sich Freud mit einer Reaktion Romain Rollands auseinander. Rolland hatte freundlich, aber auch kritisch auf den Text Freuds reagiert. Vor allem deutete er an, Freud habe das Thema verfehlt: Ursprung der religiösen Gefühle sei nicht der Glaube an einen persönlichen Gott, sondern ein Gefühl der Verbundenheit mit dem Universum. Dieses »ozeanische Gefühl« sei die Quelle der religiösen Energie.

Freud reagiert zunächst fast unwillig. Er könne ein solches Gefühl in sich nicht entdecken. Dann greift er doch die Anregung auf und verbindet das ozeanische Gefühl mit Erinnerungen an den primären Narzissmus, in dem sich Säugling und Mutter noch als ein Wesen erleben. »Ursprünglich enthält das Ich alles, später scheidet es eine Außenwelt von sich ab.«[41]

In einer liebevoll ausgeführten Metapher vergleicht er die Gleichzeitigkeit des Alten und Neuen in der Psyche mit einer ewigen Stadt, in der schattenhaft immer auch noch das Alte fortexistiert.

»... an der Stelle des Palazzo Caffarelli stünde wieder, ohne daß man dieses Gebäude abzutragen brauchte, der Tempel des Kapitolinischen Jupiter, und zwar dieser nicht nur in seiner letzten Gestalt, wie ihn die Römer der Kaiserzeit sahen, sondern auch in seiner frühesten, als er noch etruskische Formen zeigte und mit tönernen Antifixen geziert war.«[42]

Daran schließt Freud eine Absage an die heute wieder viel diskutierten Übungen von Mystikern, durch Abwendung von der Außenwelt und Bindung der Aufmerksamkeit an den Atem neue Empfindungen zu wecken, die sich als Rückkehr zu solchen uralten Seelenzuständen oder aber auch als Erleuchtung, als unmittelbare Erfahrung Gottes deuten lassen. Er setzt dem die Worte des Schiller'schen Tauchers entgegen: »Es freue sich, wer da atmet im rosigen Licht.«

In diesem skeptischen Ton geht es weiter. Freud untersucht die menschlichen Glücksmöglichkeiten und ihre Einschränkungen durch die Kultur. Er zweifelt am Fortschritt, denn die technischen Prothesen schaffen dem Menschen doch nicht mehr als jenes billige Vergnügen, das man haben kann, wenn man in kalter Nacht ein Bein aus dem Bett streckt. Wenn es recht kalt geworden ist, wird es mit großer Freude und Erleichterung wieder eingezogen. Er widerspricht Illusionen, durch moralische Belehrung oder wirtschaftliche Reformen (im Sinne der kommunistischen Revolution in Russland) die verhängnisvollen, aggressiven

Triebregungen dauerhaft bewältigen zu können. »Das Gebot ›Liebe deinen Nächsten wie dich selbst‹ ist die stärkste Abwehr der menschlichen Aggression«, erläutert Freud und nennt es »ein ausgezeichnetes Beispiel für das unpsychologische Vorgehen des Kultur-Über-Ichs. Das Gebot ist undurchführbar; eine so großartige Inflation der Liebe kann nur deren Wert herabsetzen, nicht die Not beseitigen.«[43]

Er schließt mit einem Bekenntnis zur Kulturkritik, verbunden mit der Unmöglichkeit, die Kultur zu bewerten oder ihre Zukunft zu deuten. »Ich kann ohne Entrüstung den Kritiker anhören, der meint, wenn man die Ziele der Kulturstrebung und die Mittel, deren sie sich bedient, ins Auge fasst, müsse man zu dem Schlusse kommen, die ganze Anstrengung sei nicht der Mühe wert und das Ergebnis könne nur ein Zustand sein, den der Einzelne unerträglich finden muss.« So sinke ihm der Mut, »vor meinen Mitmenschen als Prophet aufzustehen, und ich beuge mich ihrem Vorwurf, daß ich ihnen keinen Trost zu bringen weiß, denn das verlangen sie im Grunde alle, die wildesten Revolutionäre nicht weniger leidenschaftlich als die bravsten Frommgläubigen«.[44]

In »Traum und Okkultismus«, einer Schrift aus der Neuen Folge der Vorlesungen zur Einführung in die Psychoanalyse, trägt Freud einige »paranormale« Beobachtungen zusammen und legt dem Leser nahe, dass Telepathie sich dadurch erklären lasse, dass unser Unbewusstes auf eine urtümlichere Form der Kommunikation zurückgreift, die auf einer Art Resonanz zu den Nervenerregungen einer anderen Person beruhe.

Diese sei in späteren Phasen der Evolution durch die »bessere Methode der Mitteilung mit Hilfe von Zeichen« zurückgedrängt worden. Auch hier versäumt Freud nicht, den persönlichen Bezug zum »Hörer« herzustellen. Dieser, so unterstellt er, müsse jetzt doch denken, da sei wieder ein Naturforscher im Alter schwachsinnig, fromm und leichtgläubig geworden. In diesem Zusammenhang kommt Freud wieder auf seine eigene Religiosität zurück.

»Ich weiß, einige große Namen gehören in die Reihe«, sagt er, *»aber mich sollten Sie nicht dazu rechnen. Fromm wenigstens bin ich nicht geworden, ich hoffe, auch nicht leichtgläubig. Nur, wenn man sich sein Leben lang gebückt gehalten hat, um einem schmerzhaften Zusammenstoß mit den Tatsachen auszuweichen, so behält man auch im Alter den krummen Rücken, der sich vor neuen Tatsächlichkeiten beugt. Ihnen wäre es gewiß lieber, ich hielte an einem gemäßigten Theismus fest und zeigte mich unerbittlich in der Ablehnung alles Okkulten. Aber ich bin unfähig, um Gunst zu werben, ich muß Ihnen nahelegen, über die objektive Möglichkeit der Gedankenübertragung und damit auch der Telepathie freundlicher zu denken.«*[45]

In der letzten, der 35. Vorlesung »spricht«[46] Freud darüber, ob die Psychoanalyse eine Weltanschauung sei. Er vergleicht sie mit der Philosophie, die nur wenigen bekannt sei und selbst diese oft nur wenig in ihrem Leben beeinflusse, mit der Religion, die breiteste Macht entfalte, und mit dem Marxismus, den er hier ausführlich diskutiert und aufgrund seiner Eindrücke über die russische Revolution verwirft.

Obwohl der »praktische Marxismus« viele idealistische Illusionen zerstört hat, entwickele er selbst Illusionen, die nicht weniger fragwürdig seien. Er sage ein reibungsloses Zusammenleben der Menschen voraus, welche ohne Zwang arbeiten werden, wenn erst die ökonomischen Strukturen verändert seien. Aber diese Umwandlung mache die Rechnung ohne die menschliche Natur und stütze sich wie die Religion auf Verheißungen eines künftigen Paradieses und auf die Ablenkung der aggressiven Neigungen nach außen, der Armen gegen die Reichen, der Ohnmächtigen gegen die Mächtigen.

Man bemerkt, dass Freud für die russische Revolution mehr Sympathien hat als für die christlich-restaurativen Tendenzen in anderen europäischen Ländern. Über den Faschismus und Nationalsozialismus verliert er kein Wort, im Jahr 1932 eine doch erstaunliche Auslassung, denn in Italien regierte bereits Mussolini, in Deutschland bereitete Hitler seine Machtergreifung vor. Vermutlich wollte Freud nichts sagen, was die Psychoanalytiker in Deutschland den Nationalsozialisten noch verdächtiger gemacht hätte, als sie ohnehin schon waren.

»Der Mann Moses und die monotheistische Religion« ist das letzte Buch, das Freud veröffentlicht hat. Die Biografen berichten, dass er mit großer Unruhe der Vollendung entgegenfieberte, die von äußeren und vielleicht auch inneren Widerständen behindert worden war.

Freud war nicht nur Autor, sondern auch Verleger. Die Schicksale der psychoanalytischen Zeitschriften und Verlage haben ihn immer beschäftigt. Sein später Erfolg als Schriftsteller befriedigte ihn ebenso, wie ihn der schleppende Verkauf der »Traumdeutung« zwischen 1900 und 1905 bedrückte. Über das Moses-Thema war er zunächst unsicher. Er veröffentlichte es seit 1937 zunächst in zwei Abhandlungen in der »Imago«.

Die erste erschien im ersten Heft des Jahres 1937, im 23. Band der Imago: »Moses ein Ägypter«. Sie beginnt mit dem Satz:

»Einem Volkstum den Mann abzusprechen, den es als den größten unter seinen Söhnen rühmt, ist nichts, was man gern oder leichthin unternehmen wird, zumal wenn man selbst diesem Volke angehört.«[47]

Natürlich fährt Freud fort, dass man sich in der Wahrheitssuche nicht zurückhalten dürfe, und rekonstruiert aus verschiedenen historisch-etymologischen Erwägungen, dass Moses tatsächlich ein vornehmer Ägypter war, die Geschichte von dem Binsenkörbchen und dem Aufwachsen bei der Königstochter aber ein sozusagen umgekehrter Mythos von der Geburt des Helden (der ja normalerweise von hoher Abkunft ist und bei niedrigen Eltern aufwächst).

Dieser Moses, Mitglied der ägyptischen Königshäuser, war von dem Monotheismus des Pharao Echnaton geprägt worden. Nachdem Echnaton an dem Widerstand der Priesterkaste gescheitert war und die alte Vielgötterei durch seine

Nachfolger wieder eingeführt wurde, blieb Moses der neuen Lehre treu und wählte einen Volksstamm, in dem er sie erhalten konnte. Mit Hilfe seiner Gefolgsleute, der Leviten, drückte er diese Religion den semitischen Stämmen im Grenzgebiet auf, wurde eine Weile anerkannt und schließlich im Trotz erschlagen.

Aber wie in »Totem und Tabu« der erschlagene Urvater, wurde auch der Religionsstifter als Toter mächtiger denn als Lebender. Um die Einheit Israels zu fördern, wuchsen aus seiner Mitte immer wieder Männer, die sich als Sprecher des Erschlagenen fühlten und seinem auserwählten Volke strengen Monotheismus, seine Gesetze kündeten. Freud schließt die zweite Abhandlung, die noch in der »Imago« erschien, mit einem Bekenntnis zur idealistischen Geschichtsschreibung und einem Programm:

> *»Worin die eigentliche Natur einer Tradition besteht und worauf ihre besondere Macht beruht, wie unmöglich es ist, den persönlichen Einfluß einzelner großer Männer auf die Weltgeschichte zu leugnen, welchen Frevel an der großartigen Mannigfaltigkeit des Menschenlebens man begeht, wenn man nur Motive aus materiellen Bedürfnissen anerkennen will, aus welchen Quellen manche, besonders die religiösen, Ideen ihre Kraft schöpfen, mit der sie Menschen wie Völker unterjochen – all dies am Spezialfall der jüdischen Geschichte zu studieren, wäre eine verlockende Aufgabe. Eine solche Fortsetzung meiner Arbeit würde den Anschluß finden an Ausführungen, die ich vor Jahren in ›Totem und Tabu‹ niedergelegt habe. Aber ich traue mir nicht mehr die Kraft zu, dies zu leisten.«*[48]

Im März 1938 überwindet Freud dieses Selbstmisstrauen und gesteht, dass es komplexer motiviert war als zunächst eingestanden: Nicht nur die Schwäche des Alters, auch Vorsicht habe ihn bewogen, das heikle Thema abzuschließen. Wir finden jetzt eine der seltenen Äußerungen Freuds über Hitlers Bewegung; den Namen des »Führers« nimmt er freilich nicht in den Mund.

Man lebe in merkwürdigen Zeiten, hebt Freud an. In Sowjetrussland sei man verwegen genug gewesen, einem großen Volk das »Rauschgift« der Religion zu entziehen, und so weise, ihnen ein vollständiges Maß an sexueller Freiheit zu schenken, sie jedoch gleichzeitig dem grausamsten Zwang zu unterwerfen und die Denkfreiheit abzuschaffen. Ähnlich gewaltsam werde das italienische Volk zur Ordnung erzogen. Ironisch fährt Freud fort:

> »*Man empfindet es als Erleichterung von einer bedrückenden Sorge, wenn man im Fall des deutschen Volkes sieht, daß der Rückfall in nahezu vorgeschichtliche Barbarei auch ohne Anlehnung an irgendeine fortschrittliche Idee vor sich gehen kann.*«[49]

Danach fasst er die Situation im längst nicht mehr liberalen Österreich zusammen:

> »*Immerhin hat es sich gezeigt, daß heute die konservativen Demokratien die Hüter des kulturellen Fortschritts geworden sind und daß sonderbarerweise gerade die Institution der katholischen Kirche der Ausbreitung jener kulturellen Gefahr eine kräftige Abwehr entgegensetzt. Sie, bisher die unerbittliche Feindin der Denkfreiheit und des Fortschritts zur Erkenntnis der Wahrheit.*«[50]

In einem katholischen Land unter dem Schutz dieser Kirche, fährt Freud fort, sei es nicht Feigheit, sondern Vorsicht, die Psychoanalye nicht ihrer immer noch wichtigsten Heimat, der Stadt Wien, zu berauben, indem längst geäußerte, aber inzwischen wieder vergessene Resultate der analytischen Arbeit neu bekräftigt werden: dass die Religion eine Menschheitsneurose ist und ihre großartige Macht sich auf die gleiche Weise aufklären lasse wie ein Zwang bei einem Patienten.

»Ich werde diese Arbeit also nicht bekannt machen, aber das braucht mich nicht abzuhalten, sie zu schreiben.«[51]

Im Juni 1938 sieht die Situation schon wieder anders aus. Die Nazis sind einmarschiert, die Wiener haben ihnen zugejubelt, der Katholizismus erwies sich als »schwankes Rohr«.

> »*In der Gewißheit, jetzt nicht nur meiner Denkweise, sondern auch meiner ›Rasse‹ wegen verfolgt zu werden, verließ ich mit vielen Freunden die Stadt, die mir von früher Kindheit an, durch 78 Jahre, Heimat gewesen war.*«[52]

Freud preist das »schöne, freie, großzügige England«. Freilich sei er sich angesichts so mancher Zuschriften, die sich um sein Seelenheil bemühten, künftiger Antipathie sicher. Denn er wolle nun seine seit 1912 in der Arbeit über Totem und Tabu verwurzelte Überzeugung vertiefen, dass religiöse Phänomene nur nach dem Muster der vertrauten neurotischen Symptome, der Wiederkehr des Verdrängten zu verstehen sind.

Die Gestapo hat den Internationalen Psychoanalytischen Verlag geplündert.[53] Freud hat einen neuen Verleger gefunden, Allert de Lange in Amsterdam, wo 1939 die drei Abhandlungen »Der Mann Moses und die monotheistische Religion« in einem schönen, blauen Leinenband erscheinen.

Wie schon in den Zeiten der »Zukunft einer Illusion« waren auch manche Psychoanalytiker keineswegs begeistert von Freuds Analyse der Religion, wenn in ihrer Ablehnung auch nicht so harsch wie jener amerikanische Jude, der es in einem Brief bedauerte, dass Freud nicht in einem Konzentrationslager umgekommen sei.[54] Aber Freud beharrte auf seinen Deutungen und freute sich sehr, dass noch zu seinen Lebzeiten eine englische Übersetzung durch die Ehefrau von Ernest Jones, Katherine, bei Hogarth Press erschienen war.

Während die Konstruktionen in der Analyse vom Patienten als gültig und nützlich anerkannt oder aber als unbrauchbar verworfen werden können, krankt die psychoanalytische Mythendeutung[55] daran, dass historische Quellen oft vieldeutig, immer aber wehrlos sind. Was im Dunkel der Vergangenheit an Erklärungsbild beschworen wird, sollte in milder Skepsis eher wie ein neuer Mythos gesehen werden, wobei sich die radikalen Skeptiker sagen lassen müssen, dass solche provisorischen und vielleicht voreiligen Bilder unser Auge doch mehr anziehen und uns gründlicher belehren als ihre Verneinung.

Dann finden wir in Freuds letzter großer Arbeit viele

schöne und gültige Gedanken über den Umgang des Menschen mit seinen frommen Vorstellungen – etwa den Mechanismus, Zweifel an Gott durch ein gesteigertes Schuldgefühl zu ersticken, Erniedrigungen und Benachteiligungen als Zeichen eines zu schwachen Glaubens zu deuten.

»Der Staat verfiel. Aber der Glaube nicht. Das Scheitern führte nur wieder zum Glauben zurück. Der Staat war als Heimat für die Moslems gegründet worden. Wenn der Staat scheiterte, dann nicht, weil der Traum falsch war: Es konnte nur daran liegen, dass die Menschen vom Glauben abgefallen waren. Man begann, nach einem immer reineren Glauben zu rufen.«[56]

Freud konstruiert die Ursache des schillernden Bildes, das der Gott des Alten Testaments im Bibelkundigen entstehen lässt, nach dem Stand der damaligen Forschung zunächst als Widerspruch zwischen den Anhängern Jahves und den verschütteten Erinnerungen an den ägyptischen Aton. Im Hintergrund dieses Widerspruchs vermutet er ein Völkergemisch aus Anhängern des getöteten Moses und anderen Stämmen, deren Gott der erheblich primitivere Jahve war.

Jahve sei ein Vulkan- und Feuergott, zornig und geeignet, ein Volk in die Eroberung eines neuen Reiches zu führen. Jahve kennt auch Götter anderer Völker, die sein Volk überwinden soll. Aton hingegen ist der unerbittliche eine Gott, der allem magischen Denken widersteht und die wissenschaftliche Einsicht vorwegnimmt, dass alles Leben auf der Erde den Strahlen der Sonne zu danken ist.

Das eigentliche Problem des jüdischen Glaubens, zu dessen Lösung Freud nun die Psychoanalyse für unentbehrlich hält, sei die Rätselfrage: Wie wurde aus dem primitiven Donnergott, der Opfer forderte und ein Gott unter anderen war, der Gott der Propheten, der Zeremoniell und Opferdienst verschmäht, sich über alle Bilder und alle Götzen erhebt und ein Leben in Wahrheit und Gerechtigkeit fordert?

Nun, die Psychoanalye weiß alles über Latenzzeit und Symptombildung. Wenn ein Volk einen Religionsstifter tötet, ihn zu vergessen scheint und sich dann nach einer langen

Zwischenzeit doch dessen Lehren durchsetzen, vergleicht Freud das mit der traumatischen Neurose:

»Es ereignet sich, daß ein Mensch scheinbar unbeschädigt die Stätte verläßt, an der er einen schreckhaften Unfall, z.B. einen Eisenbahnzusammenstoß erlebt hat. Im Laufe der nächsten Wochen entwickelt er aber eine Reihe schwerer psychischer und motorischer Symptome, die man nur von seinem Schock ... ableiten kann.«[57]

Ähnlich hatten die Ägypter, die sich in Quades mit den anderen Stämmen des späteren jüdischen Volkes zusammentaten, zunächst jeden Grund, die Erinnerung an das Schicksal zu verdrängen, die sie ihrem Moses bereitet hatten.

»Das Judenvolk hatte die ihm von Moses gebrachte Atonreligion verlassen und sich der Verehrung eines anderen Gottes zugewendet, der sich wenig von den Baalim der Nachbarvölker unterschied. Aber die Mosesreligion war nicht spurlos untergegangen. ... diese Tradition einer großen Vergangenheit war es, die gleichsam aus dem Hintergrund zu wirken fortfuhr ...«[58]

Freud schildert jetzt die Latenz der Neurose: Bedingt durch Traumen während der sexuellen Frühblüte der ödipalen Situation, bricht sie erst aus, wenn im späteren Leben, lange nach der Pubertät und dem Heranwachsen, neuartige soziale Situationen das durch Verdrängungen geschwächte Ich überfordern. Dann erneuert er seine Theorie der Entstehung des Totemismus und ergänzt sie durch Reflexionen über die Hintergründe des Antisemitismus und der Phantasien von Auserwähltheit.

Freud verbindet die Idee der Weltherrschaft des Pharao mit dem ersten Aufflackern des Monotheismus. Diese Idee löste sich dann von Ägypten und ergriff von einem anderen Volk nach langer Latenz Besitz, wurde dort gehütet und schenkt diesem Volk den Stolz der Auserwähltheit.

»Es ist die Religion des Urvaters, an die sich die Hoffnung auf Belohnung, Auszeichnung, endlich auf Weltherrschaft knüpft. Diese letztere Wunschphantasie, vom jüdischen Volk längst aufgegeben, lebt noch heute bei den Feindes des Volkes im Glauben an die Verschwörung der ›Weisen von Zion‹[59] *fort.«*[60]

Freud hat in seinem Spätwerk nicht nur den jüdischen, sondern auch den christlichen Glauben aus neurotischen Mechanismen erklärt – gemeinsam ist beiden ein Wahrheitskern, den ein Wahn umgibt, der die zwanghafte Überzeugung aus ebendiesem Kern bezieht.

»Einen solchen Gehalt an historisch zu nennender Wahrheit müssen wir auch den Glaubenssätzen der Religion zugestehen, die zwar den Charakter psychotischer Symptome an sich tragen, aber als Massenphänomene dem Fluch der Isolierung entzogen sind.«[61]

In dem Glauben an die objektive Wahrheit seiner ärztlichen Urteile ist Freud unerschütterlich. Die Gleichzeitigkeit von psychoanalytischer Deutung und frommer Überzeugung, die unsere moderne, individualisierte Welt prägt, erkennt er nicht als historisch bedingt. Hier rächt sich, dass er Philosophie und Soziologie psychologisch deutet, aber nicht daran denkt, seine Psychologie philosophisch zu reflektieren und soziologisch zu verorten.

Dennoch ist Freuds Religionspsychologie ungemein anregend. Rücksichtslos sucht sie hinter erhabene Fassaden zu blicken, wo sich andere Religionswissenschaftler damit zufriedengeben, das Baumaterial zu untersuchen und die unterschiedlichen Formen zu vermessen. Den Erfolg des Christentums schreibt Freud der Idee des Paulus zu, die verleugnete Ursünde des Vatermordes durch den unschuldigen Tod eines Gottessohnes zu sühnen und dadurch alle Menschen zu erlösen, unabhängig davon, ob sie beschnitten seien und dem auserwählten Volk angehörten oder nicht.

Diese christliche Religion konnte die Höhe der Vergeistigung nicht halten, die das Judentum erreicht hatte; sie war nicht streng monotheistisch, pflegte symbolische Riten, fand gar zur großen Muttergottheit in kaum verhüllter Form zurück.

Man kann sich vorstellen, wie wenig beliebt sich Freud bei Juden und Christen durch Sätze wie diese machte:

»Der Triumph des Christentums war ein erneuter Sieg der Ammonspriester über den Gott Ikhnatons nach anderthalbtausendjährigem Intervall und auf erweitertem Schauplatz. Und doch war das Christentum religionsgeschichtlich, d.h. in Bezug auf die Wiederkehr des Verdrängten, ein Fortschritt, die jüdische Religion von da ab gewissermaßen ein Fossil.«[62]

Lange Jahre wirkte Freuds Glaube in Liberalität und Toleranz der Gebildeten, der Wissenschaftler fast unerschütterlich. Man gewinnt aus seinen Werken und auch Briefen den Eindruck, dass er den Antisemitismus eher als lästige Flegelei sieht und ihn als gefährlichen, große Nationen in ihrem Handeln prägenden Hass nicht wahrhaben will. Das ändert sich, als Wien den Deutschen zujubelt und viele Österreicher ihre »Befreier« an tückischer Schikane, Grausamkeit und Mordlust noch übertreffen.

In seinem letzten Buch setzt sich Freud nun auf seine Weise mit dem auseinander, was er durchlitten hat: dem Judenhass. Er sammelt Gründe – offenkundige und tiefer liegende, widerspricht dem vorgeschobenen Vorwurf der Landfremdheit. In Köln, sagt er, waren die Juden mit den Römern gekommen und vor den Germanen da. Jede Minorität zieht Hass auf sich, »denn das Gemeinschaftsgefühl der Massen braucht zu seiner Ergänzung die Feindseligkeit gegen eine außenstehende Minderzahl«; den Hass steigert noch der »kleine Unterschied« zu den »Wirtsvölkern«, welcher merkwürdigerweise mehr Intoleranz auslöst als »fundamentale Differenzen«.[63]

Die tiefsten Motive des Judenhasses sieht Freud aber in längst vergangenen Zeiten, tief im Unbewussten der Völker: die Eifersucht auf das erstgeborene Kind Gottvaters – auf das Volk, das den Monotheismus vielleicht nicht entdeckt, jedenfalls aber an ihm festgehalten hat, die Unheimlichkeit der Beschneidung, die an die gefürchtete Kastration erinnert. Freud konzentriert sich auf die Vorurteile der Christen und verbindet sie mit deren erzwungener, später Bekehrung.

Im Grunde hassen diese Christen ihren eigenen Glauben,

sie haben den Groll gegen die ihnen aufgedrängte Religion auf deren Quelle verschoben, der Judenhass ist auch Christenhass, »und man braucht sich nicht zu wundern, daß in der deutschen nationalsozialistischen Revolution diese innige Beziehung der zwei monotheistischen Religionen in der feindseligen Behandlung beider so deutlichen Ausdruck findet«.[64]

Obwohl schon früh als phantastisch abqualifiziert, sind viele Gedanken aus der Moses-Arbeit heute aktueller denn je. Seit der fundamentale Monotheismus islamistischer Prägung die Bilder von Krieg und Frieden im 21. Jahrhundert dramatisch beeinflusst hat, fragen sich wieder viele Menschen, wie es denn geschehen kann, dass ein gütiger Vatergott die Menschen nicht erleuchtet und erwärmt für eine vernünftig geregelte Konfliktlösung. Wie kann es sein, dass in seinem Namen vulkanische Explosionen stattfinden und blutige Rachefeldzüge beginnen?

Die Rivalität der Monotheismen hat sich verlagert; seit der Gründung des Staates Israel beschäftigt sie Juden und Moslems. Mohammed aber, von dem Freud nicht spricht, fügt sich doch in das von ihm entworfene Bild: Auch der Prophet aus Mekka wollte eine verschüttete reine Lehre neu beleben.

Freud war schon sehr lange durch die Moses-Gestalt fasziniert. Das zeigt nicht nur seine Arbeit über den Moses des Michelangelo. In Briefen beschrieb er sich als Moses und nannte einmal sogar C. G. Jung seinen Joshua, der – anders als er – das Gelobte Land betreten werde.

Die Angst vor dem Erlöschen seiner Lehre hat Freud ebenso bewegt wie die Sehnsucht, sie zu erhalten und gegen eine Welt durchzusetzen, die doch stets bereits scheint, vom reinen Glauben an die Vernunft abzufallen und goldene Kälber anzubeten.

So können wir in dieser letzten, von ihm vollendeten und gegen alle Widerstände publizierten Arbeit zur Religions-

und Kulturkritik auch eine Art Testament sehen. Freud bekennt sich zum Primat der Kulturforschung. Im Hintergrund ahnen wir seine Sehnsucht, auch nach seinem Tod Propheten zu finden, welche die reine Lehre einem trägen, zum Götzendienst verführbaren Volk künden.

Am 15. Juni 1939, drei Monate vor seinem Tod, schrieb Freud in seinem letzten Brief an seine »liebe Marie« Bonaparte, das deutsche Moses-Buch verkaufe sich gut, es seien bereits 1800 Exemplare abgesetzt.[65] Das ist eine erstaunliche Zahl, wenn wir bedenken, dass in »Großdeutschland« Freud auf dem Index der verbotenen Bücher stand und nur Leser außerhalb der Grenzen des Hitlerreichs die Freiheit hatten, das Werk zu erwerben.

6. Freudianer und Jungianer

Die Kontroverse zwischen Freud und Jung dauert an. Sie gleicht ein wenig jenen Gräben, welche die Kontinentalschollen trennen, unruhige Gebiete, in denen Erdbeben entstehen und glühende Lava in Vulkanausbrüchen an die Oberfläche tritt.

Nach Jungs pathetischem »Der Rest ist Schweigen« hat Freud tatsächlich geschwiegen, nicht aber Jung. Er veröffentlichte 1929 in der Kölner Zeitung den Aufsatz »Der Gegensatz Freud und Jung«, der später noch einmal in dem Sammelband »Seelenprobleme der Gegenwart« abgedruckt wurde, übrigens jenem Werk, mit dem Jung in die psychologischen Strömungen mündet, die das Hitlerreich vorbereiteten.

Jung beginnt scheinbar selbstkritisch und demütig, fragt sich, ob er es verdiene, »mit jener Objektivität betraut zu werden, die mich befähigen sollte, mich sogar über meine eigenen Ideen unparteiisch zu erheben«,[66] und rettet sich in die Zuflucht, dass jeder Denker ein »Höriger seiner Idee« sei und jede psychologische Idee ohnedies »mindestens zur Hälfte subjektive Deutung«. Dann schlägt er den verwirrenden Haken, dass »auch das Subjekt eine objektive Gegebenheit« sei, »ein Stück Welt, und was aus ihm hervorgeht, geht in letzter Linie aus dem Weltgrund hervor, wie auch das allerseltsamste und unwahrscheinlichste Lebewesen von der uns allen gemeinsamen Erde getragen und genährt wird«.[67] In diese Schwurbelei wird dann Freud gnadenlos vereinnahmt – und entwertet:

»Was Freud über die Rolle der Sexualität, der infantilen Lust und ihren Konflikt mit dem ›Realitätsprinzip‹ und dgl. zu sagen hat, ist in erster Linie wahrster Ausdruck seiner persönlichen Psychologie.«[68]

Er, Jung, sei kein Gegner Freuds, »trotzdem mich seine eigene wie seiner Schüler Kurzsichtigkeit dazu stempeln wollen«. Freilich werde »die Geschichte und alle Billigdenkenden« Jung recht geben, dass Freud wie Adler »den Menschen zuviel aus der pathologischen Ecke und aus seinen Defekten erklären«, wofür Freuds Unvermögen Zeugnis ablege, »das religiöse Erleben zu verstehen«.[69]

Jung hingegen wolle den Kranken aus Freuds Psychologie erlösen, denn dieser könne doch niemandem von einem Leid heilen, an dem er selbst noch kranke. Freud fehle jede Möglichkeit, »der unerbittlichen Klammer des biologischen Geschehens zu entgehen. Verzweifelt muß man mit Paulus ausrufen: ›Ich elender Mensch, wer erlöst mich vom Leibe dieses Todes?‹«[70] Das sei es, »was Freud nie lernen wollte«, der mit seinem Begriff des Über-Ich »den verschämten Versuch« mache, »sein altes Jehovabild in die psychologische Theorie einzuschwärzen«.[71]

Jung konstatiert, »wir Modernen sind darauf angewiesen, den Geist wieder zu erleben, d.h. Urerfahrungen zu machen«[72], und fordert zuzugeben, dass »das Ich darum krank ist, weil es vom Ganzen abgeschnitten und daher der Menschheit sowohl wie dem Geiste verlorengegangen ist«.[73]

Jungs Redeweise ist eng verwandt mit der faschistischen Rhetorik seiner Zeit: dieselbe raunende Vermischung des Bewiesenen mit dem Unbeweisbaren, der Meinung mit der Tatsache, die Wendung gegen Rationalität, Analyse, Zweifel und Kritik, die grandiose Selbstüberschätzung, die durch verdoppelte Beteuerung jeden Einwand erschlagen möchte (»die Geschichte und alle Billigdenkenden« werden Jung recht geben).[74]

Es scheint, dass sich Jung schon bald nach der Trennung von Freud auch antisemitischen Gedankengutes bedient hat, um den Abstand zu dem einstigen Lehrer zu vergrößern. 1914 sagt er in einem Aufsatz, der in seinen »Gesammelten Werken« nur in zensierter Form erschien:

»Das Christentum spaltete den barbarischen Germanen in eine obere und eine untere Hälfte und befähigte ihn, durch Verdrängung der dunklen Hälfte, seine helle Seite zu domestizieren und der Zivilisation anzupassen. Doch harrt jene untere, dunkle Hälfte noch immer der Erlösung und eines zweiten Domestizierungsschubes. ... Je mehr die christliche Weltanschauung an Autorität verliert, desto bedrohlicher wird sich die ›blonde Bestie‹ in ihrem untergründigen Gefängnis gebärden, jeden Augenblick zum Ausbruch mit all seinen verheerenden Folgen bereit. ... Der Jude hat zu wenig von diesen Eigenschaften – wo hat er seine eigene Erde unter sich? Das Geheimnis der Erde ist kein Witz und kein Paradoxon. ... Ich kann sehr gut verstehen, daß Freuds und Adlers Reduzierung des Seelischen auf primitive sexuelle Wünsche und Machttriebe etwas für sich hat, was für den Juden vorteilhaft und befriedigend ist, denn es handelt sich dabei um eine Form der Simplifizierung.«[75]

Jung übernimmt hier von Nietzsche dessen Formulierung von der »blonden Bestie«, ersetzt aber dessen Kritik am Christentum durch Besorgnis über dessen schwindende Macht. Nietzsche war ein Verächter romantischer Verschwommenheit; Jung aber beginnt jetzt, dem »Geheimnis der Erde« zu huldigen und nimmt hier die Nazi-Formel von Blut und Boden vorweg.

Der tiefe, ahnungsvolle Geist des Deutschen, der sich eigensüchtiger jüdischer Simplifizierungen so schlecht erwehren kann wie der deutsche Landwirt der jüdischen Zinsknechtschaft, ist eine Lieblingsfloskel der NS-Propaganda und der zeitgenössischen Literatur. Jung hat später entschuldigend gesagt, er sei während der NS-Zeit »ausgerutscht«, als hätte ihn jemand aufs Glatteis geführt.

In Wahrheit hat Jung in der Nähe zur Rhetorik des Nationalsozialismus eine Geistesverwandtschaft genossen, die so lange anhielt, wie ihn die Kritik seiner Landsleute und die geschichtliche Entwicklung nicht eines Besseren belehrten. Dieses aktive Verhalten nachträglich als Ausrutscher hinzustellen, erinnert an die Ausreden deutscher Nazis von ihrer »Verstrickung« oder an das Argument des Schlägers, ihm sei »die Hand ausgerutscht«.

Jungs Nähe zum Nationalsozialismus zeigt nicht nur seine

Bereitschaft, nach der Machtübernahme in der ärztlich-psychotherapeutischen Verbandspolitik eng mit den Nazis zusammenzuarbeiten, sondern noch mehr sein Aufsatz »Zur gegenwärtigen Lage der Psychotherapie«, der 1934 erschien. Darin redet Jung wie ein Leitartikler des »Stürmer« über den Juden als Parasiten. Das ist besonders bemerkenswert, weil er als Schweizer durch keinerlei äußeren Druck dazu genötigt ist und sein Bekenntnis daher für die NS-Propaganda doppelt kostbar wird.

»Der Jude als relativer Nomade hat nie eine eigene Kulturform geschaffen und wird dies voraussichtlich auch nie tun, da alle seine Instinkte und Begabungen ein mehr oder weniger zivilisiertes Wirtsvolk zu ihrer Entfaltung voraussetzen«, sagt Jung und fährt fort: »Das arische Unbewußte hat ein höheres Potential als das jüdische; das ist der Vorteil und der Nachteil einer dem Barbarischen noch nicht völlig entfremdeten Jugendlichkeit.« Dann sagt er von Freud: »Er kannte die germanische Seele nicht, so wenig wie alle seine germanischen Nachbeter sie kannten. Hat sie die gewaltige Erscheinung des Nationalsozialismus, auf den eine ganze Welt mit erstaunten Augen blickt, eines Besseren belehrt?«[76]

Woher kommt die geistige Nähe Jungs zur faschistischen Ideologie? Das Scharnier ist wohl die gemeinsame Wurzel beider Bewegungen in der deutschen Romantik. Insgesamt zeichnet den Nationalsozialismus eher der Mangel an verbindlicher Programmatik aus als die geschlossene Ideologie; in den Versatzstücken, mit denen Hitler und seine Gefolgsleute arbeiteten, spielen überhöhte Bilder von Blut, Heimat, Natur und Volk eine sehr wichtige Rolle.

In einem 1994 erschienenen Buch versucht Richard Noll[77] angesichts des Frühwerks von Jung nachzuweisen, dass Jung die indoeuropäischen Mythen deshalb weit mehr interessiert hätten als die biblische Überlieferung, weil er eine arische Religion stiften wollte. Dass allein die Beschäftigung

Jungs mit der Mythologie ein Beweis dafür ist, stelle ich in Frage. Schließlich haben sich auch Nietzsche und Freud mehr für die griechischen Mythen interessiert als für die Bibel. Sicher aber war Jung bis 1936 ein williger Anhänger, Vorläufer und Förderer jener Zuneigung zum Okkulten, Ganzheitlichen, Schwärmerischen, die das kulturelle Klima zum Aufstieg des Nationalsozialismus prägte.

Jungs im Briefwechsel mit Freud intensiv diskutierte Abstinenzverletzungen und seine Absage an die eheliche Treue gewinnen einen neuen Aspekt. Anscheinend hat Jung hier ganz andere Wege eingeschlagen als Freud, der – gerade in den Auseinandersetzungen mit Ferenczi – klare Vorstellungen von therapeutischer Rationalität und Abstinenz entwickelte.

Jung hingegen neigte sich alchemistischen und tantrischen Konzepten zu, die sexuelle Verbindungen mit Patientinnen unter dem Aspekt einer Steigerung mystischer Energie nahelegten.

In der Alchemie heißt die entsprechende Gestalt »mystische Schwester« (soror mystica); der Sexualakt entspricht der Verbindung der Stoffe in der Retorte, aus der sich der Stein der Weisen ergibt. Eine ähnliche Spiritualisierung der Sexualität wird im Tantra-Yoga praktiziert, der in den Massenmedien vor allem durch die Predigten und Praktiken von Baghwan in Poona bekannt wurde. Lange vor diesem erotisierten Erleuchtungs-Tourismus nach Indien, im Jahr 1932, leitete Jung Seminare über Tantra-Yoga, deren Inhalte laut Noll bis heute als Geheimnis gehütet werden.

1916 veröffentlichte ein Engländer, Sir John Woodruffe, angeblich ein Tantra-Initiant, unter dem Decknamen Arthur Avalon (der an die keltische Artus-Sage erinnert) ein Werk »The Serpent Power«. Die Seminare über dieses Thema leitete Jung zusammen mit Wilhelm Hauer[78], einem ausgewiesenen Nationalsozialisten, der versuchte, einen »deutschen Glauben« zu gründen.

Jung und Hauer stimmten darin überein, dass die wesentlichen religiösen Gefühle um Verbindung, Heiligung und Ganzheit zentriert sind, während die »christlichen« Grundgefühle sich auf Sünde, Schuld und Reue richten. Diese seien »komplexbedingt« und keine wahrhaft religiösen Gefühle.

Während Freud rationale Forschung und emotionale Distanz zur Grundlage der therapeutischen Arbeit erklärt, taucht Jung tief in okkulte Praktiken und gnostische Verschmelzungen ein. Bald *vergleicht* sich Jung ironisch mit Münchhausen, der sich am eigenen Schopfe aus dem Sumpf zieht, bald ist er Münchhausen.

Das hängt auch damit zusammen, dass Jung seine gnostischen und okkulten Gedanken meist als originelle eigene Funde ausgibt und sich im Gestus des Naturforschers und Arztes über die vielen anderen Schwärmer stellt, die mit denselben Glaubenskonglomeraten Anhänger suchten.

Das macht ihn vielleicht mehr als alles andere kritisierbar: Wer Gläubige gewinnen will, tritt nicht als Arzt auf, sondern lässt sich als Priester erkennen. Wer aber andere Therapeuten ausbildet, muss auch darauf achten, dass diese nicht ihre persönlichen Bedürfnisse zur Gnosis weihen und Abhängigkeitsbeziehungen ausbeuten.

Daher sind diese okkulten Elemente der Jungschen Ideologie ebenso wie sein Umgang mit Patientinnen in der Ausbildung an den C. G. Jung-Instituten unserer Zeit kein Vorbild mehr. Dennoch gibt es immer wieder Therapeuten, die Jungs Gedanken benutzen, um eigene Abstinenzverletzungen zu rechtfertigen. Okkulte Vorstellungen und Konzepte wie die Heilung durch die »Vereinigung der Gegensätze«, die Verschmelzung von Gut und Böse sind insofern gefährlich, weil sie rationale Disziplin unterminieren. Bis in seine späten Jahre hatte Jung verdächtige Freunde, etwa den bekennenden »okkulten Hitleristen« Miguel Serrano, einen chilenischen Diplomaten.

Es gibt hier verwirrende Frontbildungen. Im Zug der intensiven Neubelebung jüdischer Orthodoxie und jüdischer Mystik nach dem Holocaust war auch manchen jüdischen Therapeuten Jung sympathischer als der religionskritische Freud.

Aniela Jaffé, eine jüdische Jung-Schülerin, schrieb einen langen Rechtfertigungsartikel über Jungs Verhalten während der NS-Zeit, in dem sie seine geistige Nähe zu den »germanischen Religionen« überhaupt nicht erwähnt und seine antisemitischen Tiraden als »Ausrutscher« entschuldigt.[79] Seine prominenten jüdischen Schüler (wie Erich Neumann) werden als Beweis dafür erwähnt, dass Jung kein Antisemit gewesen sein kann.

Noll dagegen behauptet, Jung habe lange Zeit durch eine nur dem inneren Kreis bekannte Absprache dafür gesorgt, dass die Aufnahme jüdischer Mitglieder begrenzt blieb, und auch den Jungianern in England entsprechende Anweisungen gegeben.

Das Buch von Miguel Serrano über seine Begegnungen mit Hermann Hesse und C. G. Jung wurde in einem jüdischen Verlag veröffentlicht. 1975 veröffentlichte »Life« ein Foto der Begräbnisfeier für einen hochrangigen früheren SS-Offizier in Argentinien, das Serrano und zwei Begleiter in langen schwarzen Ledermänteln zeigte, wie sie über dem Sarg den Arm zum Hitler-Gruß streckten.[80]

In seiner Jung-Kritik vergrößert Noll die eigene Bedeutung, indem er Jungs Einfluss und Macht dramatisch übersteigert. Jung wird von den Jungianern vermutlich noch weniger gelesen als Freud von den Psychoanalytikern. Es ist mehr als gelinde übertrieben, Jung als größte Bedrohung für die Christenheit seit Julian Apostata darzustellen, dem byzantinischen Kaiser, der den Kult der heidnischen Götter wieder einführen und das Christentum verbieten wollte.

Interessant bleibt an Nolls Buch die Analyse der synkretistischen Entwicklungen, mit denen sich in Europa während der ersten Hälfte des 20. Jahrhunderts das von den fortschrittlichen Theologen entmythologisierte und gereinigte Haus mit neuheidnischen Göttern, okkulten Ritualen und Ermutigungen zur Privatreligion füllte. Wer wie Hauer die »christlichen Märchen« (Goethe) hasste, nachdem er ihnen selbst eine Weile angehangen war, endete nicht bei Freud, sondern in Walhall oder in der hinduistisch-buddhistischen Mythologie.

Jung wurde von dieser Bewegung gefeiert und unterstützt, weil er ihr eine »wissenschaftliche« Legitimation gab. Allerdings lässt sich das – anders als Noll unterstellt – ganz ohne Verschwörungstheorie verstehen. Jungs Grundgedanke, dass der theistische Gott ein Märchen sei und der wahre Gott im »Selbst« zu finden sei, will ein Glaubensproblem dadurch lösen, dass er es durch Mystizismus vernebelt.

Die Nazis hatten das »Volk« als Unsterblichkeit verheißende Macht an die Stelle des traditionellen Gottesbildes gesetzt (ohne sich der Kopie einer biblischen Rhetorik vom »auserwählten Volk« bewusst zu sein). Vordenker einer arischen Erneuerung des Christentums hatten schon lange ein Problem darin gesehen, dass die »überzivilisierte« christlich-jüdische Geistigkeit den tiefen, mystischen Germanen seiner jugendlichen Kraft beraube.

Sie kämpften dagegen in philosophischen Aphorismen (wie Nietzsche) oder in dickleibigen naturphilosophischen Werken (wie Ludwig Klages: »Der Geist als Widersacher der Seele«). Die Nazis packten das Problem direkter an. Sie entwarfen Gesetze zum »Schutz des deutschen Blutes und der deutschen Ehre«.

7. Von Magie und Trance

Ein Buschmannkind, das heute, seiner Familie entrissen, mit Kindern in einer Großstadt aufwachsen würde, träte nach wenigen Jahren mit der gleichen Selbstverständlichkeit auf die Rolltreppen der Untergrundbahn, würde in Supermärkten einkaufen und sich von einer Lehrerin Dinge beibringen lassen, die seinen leiblichen Eltern nicht im Traum einfallen würden. Dieses Kind ist in einer schriftlosen Welt geboren, wo die Menschen von der Hand in den Mund leben, keine Häuser und Gärten kennen, keine sozialen Schichten und keine unterschiedlichen Berufe.

Die Baumeister der Natur, Mutation und Selektion, haben erreicht, dass seelische Unterschiede zwischen einzelnen Menschen verschiedener Kulturen fast ausschließlich auf Lernen beruhen, also nicht angeboren sind wie etwa die Kräuselung der Haare oder die Hautfarbe. Sie bildeten den heutigen Menschen in dem typischen Rhythmus biologischer Veränderung. Die Mutation veränderte, die Selektion sorgte dafür, dass nur Veränderungen weitergegeben wurden, die für das Überleben günstig waren.

Diese Filter sind für den Menschen in einer so langen Zeitspanne seiner Entwicklungsgeschichte gleich geblieben, dass die relativ kurzfristigen Änderungen seit der Jungsteinzeit, als der Ackerbau entdeckt wurde und in den fruchtbaren Flusstälern die ersten Städte entstanden, den biologischen Typus des Homo sapiens nicht mehr verändern konnten. Das Leben des Menschen als Jäger und Sammler in der Altsteinzeit, das mindestens 99 Prozent seiner Entwicklungsgeschichte ausmacht, muss nicht nur die psychische Gleichförmigkeit der verschiedenen Rassen erzwungen, sondern die Seele des Menschen selbst entscheidend geprägt haben.

Die Einflüsse, denen der Mensch damals unterworfen war, formten die genetische Struktur und damit auch die Grundzüge seiner Psyche. Betrachten wir sie näher, indem wir uns vor allem auf Befunde stützen, zu denen die ethnographische Feldforschung an bis heute erhaltenen Resten von Jägern und Sammlern gekommen ist.[81]

1. Der primitive Jäger und Sammler überlebt vor allem dank einer fundierten Kenntnis über die natürlichen Nahrungsquellen seiner Umwelt, sowohl was das Verhalten der Tiere als auch das Wissen um essbare Pflanzen angeht. Erst in zweiter Linie nützt ihm seine rudimentäre Technologie (Speere, Bogen und Pfeil, Pfeilgifte, Grabstöcke).
2. Spätestens seit der Evolution von Homo erectus (Pithecanthropus von Java, Sinanthropus von Peking) war der Mensch ein Großwildjäger. Großwildjagd ist einem biologisch relativ schlecht bewaffneten Wesen nur in Gruppen möglich. Damals haben sich wohl die ersten Auslesevorteile für Kommunikation zwischen einzelnen Jägern herausgebildet. Sippen von Homo erectus, die sich gut miteinander verständigen konnten, erbeuteten mehr und bevölkerten größere Areale.
3. Mit der Entwicklung der Sprache intensivierte sich das Gruppenleben. Die Sexualität wurde, über ihre Fortpflanzungsfunktion hinaus, zu einem sehr wichtigen gruppenbindenden Mittel.
4. Seit der Mensch in Gruppen biologisch erfolgreicher war, gewann eine spezifische, mit der Intelligenz eng verknüpfte Fähigkeit besonders hohen Wert: die soziale und kulturelle Anpassungsfähigkeit an das Gruppenleben, das Lernen.
5. So funktioniert die menschliche Anpassung ab einem bestimmten (aber kaum bestimmbaren) Zeitpunkt der Evolution grundsätzlich anders als die zoologische. Nicht mehr die Struktur des einzelnen Organismus passt sich an

die jeweils gegebene Umwelt an, sondern die Struktur der Gruppe, der primitiven Kultur. Ihre Anpassung schlägt sich in Normen und sozialen Spielregeln nieder. Diese Normen werden dann an die Kinder und Kindeskinder weitergegeben.

Viele frühe Anthropologen glaubten, dass die Primitiven durchweg ein »prälogisches«, gefühlsdurchtränktes Denken aufweisen. Aber das ist falsch. Sie sind ebenso logisch und scharfsinnig wie wir.

Jeder Fortschritt birgt ein Risiko. Der Mensch hat seine Fortbewegungsart, die ihm die werkzeugschaffenden Hände frei machte und seinen Kopf über die Gräser der Savanne erhob, durch eine erhöhte Anfälligkeit für eine ganze Reihe von Krankheiten erkauft: Krampfadern etwa, da das Blut größere Höhenunterschiede überwinden muss als beim Vierfüßler, endlose Rückenprobleme durch die einseitige Belastung der Wirbelsäule, die Verwundbarkeit der weiblichen Geschlechtsorgane durch Dehnungen der Bänder, welche die Gebärmutter festhalten.[82]

Im psychischen Bereich gilt ein ähnliches Gesetz. Mit den Vorzügen seiner hohen Intelligenz und der Fähigkeit, sich Vergangenheit und Zukunft zu vergegenwärtigen, löste sich der Mensch auch von der Ruhe und Sicherheit des Tieres. Nietzsche hat in seiner Studie »Vom Nutzen und Nachteil der Historie für das Leben« diesen Bruch des Menschen mit seiner Umwelt als Beginn von Sorge und Angst beschrieben. Und wie die Klappen in seinen Venen dem Menschen dazu verhelfen, dass sich trotz des aufrechten Ganges das Blut nicht in den unteren Gliedmaßen staut, so war es die Magie, die älteste und bis heute unzerstörbare Form der Religion, die den vom aufflackernden Licht des Bewusstseins geworfenen Schatten durchdrang und ordnete.

Sie trug auf diese Weise, unabhängig von ihrem Missbrauch in der übelwollenden Zauberkunst, viel zu jener geistigen Unabhängigkeit bei, auf die wir heute so stolz sind. Vielleicht wären die ersten Menschen, die ein reflektierendes Bewusstsein kennenlernten, von den Schattenseiten dieser revolutionären Mutation gelähmt worden, hätten sie nicht die Magie entdeckt. Ihr danken wir es, dass unser Bewusstsein, kaum geboren, nicht wieder erlosch, weil es ein zu kühner Entwurf der Baumeister des Lebens war.

Die den Einzelnen beruhigende, das Selbstvertrauen erhöhende und Nachteile der Reflexion ausgleichende Funktion der Magie wird durch ihre Bedeutung für die Gemeinschaft vielleicht noch übertroffen. Es ist den Konstrukteuren der Evolution sicher nicht leichtgefallen, ein Wesen wie den Menschen zu schaffen, das ein hohes Maß geistiger Freiheit und Selbstständigkeit aufweist und doch nicht Einzelgänger ist, sondern fest in Gruppen zusammenhält. Gerade unter den gruppenbindenden Faktoren spielt die Magie (ebenso wie Mythos und Religion) eine wichtige Rolle, da sie eine Reihe sozialer Vorschriften viel besser festlegen und begründen kann als andere Argumente.

Ein fast allen archaischen Heilpraktiken gemeinsamer Zug ist die Trance oder Ekstase, der Übergang (Trance kommt von lateinisch transire, übergehen) oder das Heraustreten (Ekstasis im Griechischen) aus der gewohnten Welt. Es handelt sich um einen psychischen Ausnahmezustand, in dem das realistische, an der tatsächlichen Umwelt orientierte Bewusstsein zurücktritt und Phantasien subjektiv als Wirklichkeit erlebt werden (etwa die Geistreise des Schamanen).

Bei den Buschmännern sind die Schamanen noch keine eigene Berufsklasse wie sonst vielfach bereits in altsteinzeitlichen Kulturen. Jeder Mann, der seine erste Antilope erlegt hat, kann Medizinmann werden; jeder lernt die Medizinlieder und tanzt im Trancetanz mit. Doch nicht alle besitzen dieselbe Stärke und magische Macht. Nur die starken Heiler praktizieren regelmäßig, indem sie ihre Gruppe vom Bösen reinigen: seelischen Spannungen, Streitigkeiten und Ängsten, die von den Totengeistern kommen.

Die Trancetänze schützen eine Gruppe vor Zwietracht, vor Durst und Hunger, vor Krankheit und Tod, vor unbestimmbarer Furcht und den dunklen Mächten. Obschon eine zutiefst ernste und religiöse Angelegenheit, mutet der Trancetanz den europäischen Beobachter eher wie ein Fest an. Jedermann kann teilnehmen; auch Kinder dürfen die ganze Nacht aufbleiben und zusehen oder die Tänzer nachahmen. Die Frauen singen in der Regel die Lieder und klatschen den Takt, doch wenn sie Lust haben, können auch sie tanzen.

Zwischen den Tänzen unterhält man sich und isst oder raucht; auf dem Rücken ihrer singenden, rhythmisch klatschenden Mütter schlafen die Babys, während die Männer, ihre Beine mit Tanzrasseln (aus den Kokons von Insektenpuppen) umwunden, die Füße kontrapunktisch aufsetzen. Die Knöchelrassel, später oft auch aus Metall gefertigt, ist das älteste Rhythmusinstrument; der Tänzer erzeugt im Tanzen den Klang, zu dem er tanzt.

Es gibt eine ganze Reihe von Techniken, mit denen Ekstase erreicht werden kann. Rhythmischer Tanz, der immer schneller wird, ist eine der häufigsten. Auch die Buschmänner versetzen sich auf diese Weise in Trance. In diesem Zustand, wenn die geistige Kraft des Medizinmannes durch den Tanz (der immer nachts, um ein großes Feuer stattfindet) erwärmt wird, verlässt ihn seine Seele und fliegt aufs Feld (die Kalahari-Steppe) hinaus, während der Körper wie tot zu Boden fällt.

Die Umstehenden fangen den in Trance Geratenen auf, damit er nicht ins Feuer stürzt und sich verletzt. Auf der Steppe sucht der Geist sodann das Böse, das die Gruppe beunruhigt: die Totengeister, den Regengott, Löwen, die in letzter Zeit immer gebrüllt haben. Wenn die Seele zurückkommt, scheint der Medizinmann zu erwachen. Doch er ist immer noch in Ekstase, von magischen Kräften beseelt.

Das ist jener Zustand, in dem die Buschmänner, wie so viele Gläubige ekstatischer Religionen, glühende Kohlen berühren und sich mit Flammen das Gesicht »waschen« können, ohne sich zu verbrennen. Es gibt Filmaufnahmen, die diese rätselhafte, die Psychosomatik faszinierende Widerstandskraft der Haut gegen Hitze in einem seelischen Ausnahmezustand dokumentieren.

Elizabeth Marshall-Thomas hat einen solchen Trance-Tanz der Buschmänner beobachtet. Sie schildert den Heiler, einen einfachen, noch jungen Jäger, der sich im Tanz erschöpft hat und gerade in Ekstase gefallen ist.

»Gleich darauf neigte er sich langsam über das Feuer und wusch sich die Hände in den Flammen. Dann ging er auf eine der Frauen im Kreis der Sängerinnen zu, legte ihr die eine Hand auf die Brust, die andere auf den Rücken, erschauerte und stöhnte, während er das Böse aus ihr herauszog, richtete sich plötzlich auf und schrie das Böse in die Luft hinaus ... Auf diese Weise heilte Gai alle Buschmänner, immer gefolgt von Ukwane, der jetzt seinen Arm hielt, um ihn zu stützen. Bald war Gai abermals erschöpft zusammengebrochen und wurde an den Knöcheln zu einer Stelle gezerrt, wo Schatten war.
Die Buschmänner tanzen immer nachts; in diesem Fall taten sie es tagsüber, um Filmaufnahmen zu erlauben; das Feuer mußte aber trotzdem angezündet werden. ... Ich beobachtete ihn; seine Augen waren geschlossen, seine Augenlider geschwollen; ich hielt ihn für bewußtlos. Sein Atem ging kratzend durch Mund und Nase, und sein Pulsschlag schien stark beschleunigt zu sein.«[83]

Welche Wirkungen hat die Trance bzw. Ekstase? Man kann diese in zwei Gruppen unterteilen: die suggestiven und die kathartischen. Zum Verständnis ist es nötig, etwas auszuholen. Der Mensch ist ein sehr lernbegabtes Wesen, aber diese Lernfähigkeit begrenzt auch seine Entwicklungsmöglichkeiten. Es werden nicht nur positive, das Selbstvertrauen stärkende, sondern auch negative Erfahrungen gespeichert. Diese lassen sich dann nicht mehr überwinden, wenn sie durch Vermeidungen zementiert werden.

In der Trance erreicht der Mensch nun einen Zustand, in dem er solche negativen Vorerfahrungen ausblendet, weil er mit einem Bild verschmilzt, das er als machtvoll erlebt. Durch die Teilhabe an dieser Macht wird er selbst mächtig, so mächtig, dass sonst bestehende Einschränkungen von ihm abfallen. Daher die Trance des Schamanen: Ohne sie würde er sich vor den Geistern ebenso fürchten wie die anderen Stammesmitglieder, in ihr, durch die Identifizierung mit seinem Schutzgeist, hat er die notwendige Macht.

Man kann die autosuggestive Trance von der unterscheiden, die durch einen Heiler bei einem Kranken (oder einem Schamanen-Lehrling) induziert wird. Beiden gemeinsam ist, dass Erlebnisweisen und Verhaltensformen in einer Weise umstrukturiert werden können, die sich mit anderen Mitteln so nicht erreichen lässt. Angewendet werden solche Grundsätze schon in den archaischen Gesellschaften; erforscht wurden sie erst – zunächst unter dem Begriff der Hypnose – im vergangenen Jahrhundert.

Die Fähigkeit zur Trance ist unterschiedlich stark ausgeprägt, je nachdem, welche Kultur und welchen Menschen wir vor uns haben. In primitiven Sozietäten und im Fernen Osten scheint sie häufiger und sozial geschätzter zu sein als im Westen. Die Ablösung von der Realität beinhaltet oft die Fähigkeit zu prophetischer Sicht; man spricht deshalb bei Menschen, die leicht in Trance geraten, gerne von »Medien«, Mittlern, seit Spiritisten sie zu Kontakten mit dem Jenseits benützten. Warum die Trance dazu befähigt, lässt sich nur vermuten. Wahrscheinlich spielt die Tatsache mit, dass der Betroffene mit seinem realitätsorientierten Ich auch jenen kontrollierenden Instanzen seiner Persönlichkeit entgeht, die gewöhnlich unsere Phantasie und unser Selbstvertrauen einengen.

In Trance wird diese Kontrollinstanz aufgelöst, die Erziehung zur Bescheidenheit rückgängig gemacht, der Betroffene kehrt in seine kindliche, imaginäre Allmacht zurück. Geheimnisse widerstehen nicht länger, Vermutungen werden als Offenbarungen erlebt, die Zukunft öffnet sich, der

Körper wird zu »übermenschlichen« Leistungen fähig. Wie nach diesem Bild der Trance zu erwarten, sind die Leistungen des »Mediums«, in nüchternem Zustand nachgeprüft, starken Schwankungen unterworfen und höchst unzuverlässig. Es kann sein, dass das Medium tatsächlich mehr erreicht, als unsere zuverlässigen Sinne leisten können. Doch geschieht es selten genug, um die Welt mit Skeptikern zu bevölkern, die der Ansicht sind, dass es eigentlich nie geschieht.

Solche Zweifel mögen ganz oder teilweise unberechtigt sein; doch selbst von der Existenz »paranormaler« Vorgänge (Telepathie, Hellsehen, Telekinese) überzeugte Forscher betonen, dass die einzig dauerhafte Eigenschaft der rätselhaften Kraft, die hinter ihnen steht, ihre Unzuverlässigkeit ist.

Es ist die Illusion des Leistungsgläubigen, wenn in der endlosen Reihe von Filmen und TV-Serien, in denen Menschen paranormale Kräfte haben, sich diese ihrem Willen, ihrer Anstrengung unterwerfen. Manchmal sehen die modernen Magier aus wie pressende Kleinkinder auf dem Topf; ihre Stirnadern schwellen; dann platzen die Glühbirnen und der Sicherungskasten explodiert.

Wer diese Kraft anwendet, kann nie wissen, ob »es« jetzt funktioniert. Die besonderen Eigenschaften der Trance, die Ablösung von der Realität, die fehlende Selbstkritik setzen zwar besondere Fähigkeiten frei, verhindern aber gleichzeitig, dass diese Fähigkeiten stabil in unsere Persönlichkeit eingebaut werden.

Es gibt bis heute ernüchternd wenige Beweise dafür, dass solche Fähigkeiten überhaupt zu etwas gut sind, und keinen einzigen, dass sie sehr viel nützen. Sie tragen kaum zu gesichertem Wissen bei und entziehen sich einer praktischen Verwertung. Humorlose Behauptungen, die Zukunft voraussagen zu können, können durch die Frage nach den Lottozahlen der nächsten Ziehung abgewehrt werden.

Freilich ist diese Sicht nur auf die zweckrational bestimmten Gesellschaften anwendbar, in denen die moderne Form der Wissenschaft gedeiht. Wir dürfen in dieser Hinsicht weder eine fundierte Aussage über andere Kulturen machen, noch gibt uns die Entwicklung unserer eigenen Zivilisation Anlass zu der Überzeugung, dass wir alle Welt belehren können. Während sich die schriftlosen Kulturen durch die Verlockungen unserer Waren auflösen, erkennen wir zwar die Umweltprobleme, können sie aber nicht lösen, während die »Primitiven« sie nicht erkannt, aber bewältigt haben.

In einer Trance, die mit der Realitätsorientierung auch die Verhaltenskontrolle auslöscht, gewinnt der von einer Überkontrolle geplagte Mensch für einige Zeit Luft. Er kann seine eingeengten Affekte abreagieren im großartigen Tagtraum, in der Begegnung mit Geistern, in der Reise in eine Überwelt, in der Identifizierung mit einem Gott.

Bis heute ist die Trance ein bedeutungsvoll-umkämpftes Element der Religionen. Sie kann in die Irre führen, denn das beschwörende, suggestive Wort steht dem Scharlatan vielleicht noch mehr zu Diensten als dem ernsthaften und ehrlichen Würdenträger. Zu oft hat es sich herausgestellt, dass Sektenkünder, die ihre Zelte mit stammelnden Begeisterten füllen, moralisch höchst dubiose Figuren sein können.

So wird in den solide institutionalisierten Kirchen die Trance nicht mehr gesucht. Die ruhige, überlegte Teilnahme am Ritus genügt; Wundergeschrei, Tränenausbruch und das Reden in Zungen treffen auf skeptische Vorsicht der Bischöfe, werden aber vom Kirchenvolk gesucht.

8. Schamanismus und Placebo

In den wenigen Kulturen, die bis in die Zeit ihrer wissenschaftlichen Erforschung Bruchstücke einer altsteinzeitlichen Identität erhalten haben, sind alle Erwachsenen in der einen oder anderen Form in ein Bezugssystem eingebunden, das die Forscher schamanistisch nennen. Dieser urtümliche Heiler, der noch Arzt, Priester, Dichter und Lehrer in einem ist, verdankt seine Macht den Tier- und Pflanzengeistern, unter Umständen auch Steinen oder Bergen, nach der Begegnung mit den Europäern auch Dampfern oder Flugzeugen. Es sind jedenfalls eindrucksvolle Gegenstände, aus deren Anrufung er seine Macht schöpft, ähnlich wie der Katholik aus der Litanei, in der möglichst mächtige Heilige benannt sind.

Die Naturwissenschaften haben das Gebiet der Schamanen erobert und besetzt. Vom magischen Standpunkt aus könnte man sagen: Ihre Magie ist die stärkere, denn wer Explosivwaffen und Antibiotika erfindet, hat auch so viel spirituelle Kraft, dass er alles, was sich seinem Anspruch nicht unterordnet, mit einem Bann belegen kann: unwissenschaftlich, unbewiesen, Einbildung, Placebo-Effekt.

Dieses Regiment ist kaum toleranter als die theologische Herrschaft, der sie nachfolgte und die sie ergänzt. In der Kirche war die Magie des Teufels und der Mensch sollte sich Gott – das heißt: den Priestern – unterwerfen und sich nicht anmaßen, mit Zaubersprüchen, Kräutersalben oder Heilsteinen dem Teufel zu dienen.

Aber ihre gewaltige und gewalttätige Überlegenheit hat die neuen wissenschaftlichen Herrscher auch leichtsinnig gemacht. Sie beherrschen das offene Gelände und den Tag; ihre Machtzentren sind gut bewacht, und wer sich zu ihnen Zugang verschaffen will, muss viele Jahre auf Universitäten verbringen, wo fast überall Magie als Dummheit gilt. Aber das oft undifferenzierte Vorgehen der Wissenschaftspolizei und ihre Bereitschaft, auf Verdacht hin zu verhaften und abzuschieben, haben ihr auch Feinde gemacht und dazu geführt, dass in der Dunkelheit und in verborgenen Winkeln weit mehr Aberglaube und magisches Denken gedeihen, als es die Hierarchen der Wissenschaft vermuten.

Ein Pharmakologe, der die Wirksamkeit eines neuen Mittels beweisen will, erwirbt sich wissenschaftliche Glaubwürdigkeit dadurch, dass er den Placebo-Effekt durch den doppelten Blindversuch ausschließt. Weder Arzt noch Patient wissen, ob sie eine wirksame Substanz oder einen nach pharmakologischem Wissen unwirksamen Stoff, beispielsweise Milchzucker, erhalten. Wer auf diese Weise den Placebo-Effekt zu eliminieren glaubt, erwirbt sich Verdienst, Anerkennung und Karriere.

In einem solchen System wird übersehen, dass es Arzt wie Patienten zwingt, wesentliche Einbußen hinzunehmen. Ein Arzt, der von einem Mittel, das er dem Leidenden gibt, überzeugt ist, gibt diesem viel mehr als einen chemischen Stoff. Indem die Versuchsanordnung den Arzt und (wenn dieser ethisch korrekt vorgeht) auch den Patienten systematisch der Unsicherheit des Experiments ausliefert, produziert sie eine ungünstige seelische Situation. Ärzte, die solche Versuchsanordnungen entwerfen und in ihnen, da gedankenlos, auch gut funktionieren, haben wesentliche Qualitäten ihres Handelns verloren.

In den Augen der naturwissenschaftlichen Medizin ist der Placebo-Effekt billig zu haben und gehört zum Handwerkskasten der Stümper. Auf Kongressen schleudern Ordinarien, von der Überzeugung ihres Publikums getragen, ihre Bannflüche ähnlich nach außen wie Erzbischöfe in einem Hochamt. Aber solche Rituale vertiefen Gegensätze nur und haben mit Wissenschaft nichts zu tun; es handelt sich um Dogmatik mit einem standespolitischen Hintergrund. Die

Ziele sind ökonomisch: Die Geldquellen der Krankenkassen sollen ausschließlich der eigenen Gruppe zugute kommen.

Nicht viel anders als in anderen Hochkirchen auch entscheidet das Volk der Mediziner ebenfalls oft gegen Recht- und Machthaber. Viele Kleriker in der Medizin stimmen heimlich oder offen gegen ihre Bischöfe. Obwohl während des Studiums strikt naturwissenschaftlich sozialisiert, wenden sich zahlreiche Ärzte nach ihren Examina den Lehren der Homöopathie und der Naturheilkunde zu.

Bei Kopfschmerzen helfen nach Untersuchungen von Arthur Jores in 60 Prozent der Fälle Placebos. Schlaflosigkeit lässt sich nach einem Versuch von Günter Clauser in 49 Prozent durch weiße Tabletten, in 69 Prozent durch einen bitteren, roten Trunk und in 81 Prozent durch farbenprächtige Gelatinekapseln beheben.[84]

Die praktische Anwendung von Placebos scheitert häufig an einer zentralen Vorstellung der individualisierten Moderne. Der Arzt ist keine priesterliche Gestalt mehr, die unverständliches Latein redet und bedenkenlos für den unmündigen Kranken tut, was die Autorität der Gilde befiehlt. Er ist ein naturwissenschaftlich-technisch geschulter Dienstleister, verpflichtet, den Patienten über alle seine Schritte aufzuklären. Ein Placebo zu geben, das ausdrücklich als Placebo, d.h. als nach allem naturwissenschaftlichen Wissen »neutrale« Substanz – Zucker, Bitterstoff, Gelatine – deklariert ist, trübt das Verhältnis zwischen Arzt und Patient, nimmt dem Arzt den Nimbus des Wissenschaftlers, ohne ihm den des Zauberers zu verleihen. Er ist nur ein Scharlatan, ein Lügner.

Dennoch geben unerwartet viele Ärzte Placebos, wie erst jüngst wieder eine Studie im British Medical Journal belegt hat, deren empirische Basis Fragebögen waren, die von zwei israelischen Forschern, Pesach Lichtenberg und Uriel Nitzan, ausgegeben worden waren. Die beiden Psychiater, die in Jerusalem arbeiten, hatten nicht damit gerechnet, dass mehr als 10 Prozent der Praktiker Placebos verwenden. Sie waren daher über die Ergebnisse sehr überrascht, denn über die Hälfte der Befragten nutzte den Placebo-Effekt, die meisten heimlich.

Insgesamt sagten 60 Prozent der Befragten, dass sie Placebos verwenden, mehr als ein Drittel sogar einmal pro Monat oder öfter. Die Leiden, gegen die Placebos eingesetzt wurden, reichten von Wehen, Angstzuständen und Schmerzen bis zu Schwindel, Schlaflosigkeit, Asthma und Entzugssymptomen bei Drogenabhängigkeit.

Die Patienten wurden fast immer im Unklaren gelassen. 68 Prozent der Verschreiber erzählten, sie erhielten ein wirksames Mittel; 17 Prozent sagten gar nichts, 11 Prozent sprachen von einer nichtspezifischen Arznei und nur vier Prozent sagten den Patienten die Wahrheit.

Warum verwenden Ärzte Placebos? In der Umfrage gaben 43 Prozent an, sie hätten die Forderungen der Kranken nach einem Medikament für ungerechtfertigt gehalten; 28 Prozent wollten herausfinden, ob die Symptome der Kranken »real« oder »imaginär« seien, 15 Prozent wollten Zeit gewinnen und 11 Prozent wollten erreichen, dass die Kranken aufhörten zu jammern.

Die Ergebnisse aus Israel werden durch eine dänische Studie aus dem Jahr 2003 bestätigt, in der noch erheblich mehr Ärzte befragt wurden.

Denise Grady von der New York Times hat in den USA recherchiert, ob auch dort Placebos verwendet werden. Sie fand keine wissenschaftlichen Untersuchungen, wohl aber eine Auskunft von Robert M. Wachter, Leiter des medizinischen Zentrums der Universtät von Kalifornien in San Francisco, der behauptete, in den Vereinigten Staaten sei der Gebrauch von Placebos praktisch nicht bekannt; sie würden für unethisch gehalten, eine subtile Form von Betrug, und daher auch die Gefahr eines Kunstfehlerprozesses mit sich bringen. Daher würde eher der Placebo-Effekt an sich wirkungsvoller, aber angesichts des vorliegenden Problems nicht angezeigter Mittel ausgenützt.

Als ich mich 1968 (ich arbeitete damals vorwiegend als Medizinjournalist) entschloss, eine Weile in Italien zu leben, war ich sehr überrascht von der dortigen Sitte, Erkältungen mit Antibiotika-Injektionen zu behandeln. Ich hatte auf Ärztekongressen gehört, dass diese kostspieligen und eingreifenden Medikamente strikt indiziert werden müssen. Sie sollen, so alle Fachleute, erst angesichts einer nachgewiesenen bakteriellen Infektion verordnet werden.

In der Toscana erhielten die Schnupfenkranken vom Hausarzt ein Rezept, gingen in die Apotheke und ließen sich mit der in fast jedem Haushalt vorrätigen Spritze die Injektionen geben, meist vom Portier, einer Nachbarin oder Verwandten, die einen guten Ruf hatte, die *punture* weitgehend schmerzfrei zu setzen.

Bis heute ist eine solche Medikation in Italien und Frankreich verbreitet, während sie in Deutschland wenig praktiziert wird. Da Antibiotika ein Virus unbeeindruckt lassen (die dürftige medizinische Indikation richtet sich auf allfällige »Suprainfektionen« durch Bakterien), handelt es sich bei diesen Injektionen eines hochwirksamen Medikaments um ein Placebo.

Während sich die primitive Sicht damit zufriedengibt, eine Wirkung als »echt« oder als »Placebo« einzustufen, beginnt die psychologische (und religionsgeschichtliche) Forschung dort, wo wir herauszufinden suchen, welche Qualitäten eines Placebos wirksamer sind als andere. In dem Schlafmittel-Versuch wirkt die bunte Kapsel deutlich »kräftiger« als die farblose Tablette. Das erinnert an eine zentrale wissenschaftliche Disziplin der Antike: die Rhetorik. Auch hier war klar, dass ein Gemälde aus Worten mehr bewirkt als eine kunstlose Zeichnung.

Es ist für uns heute sehr lehrreich, eine Welt zu imaginieren, in der die Naturwissenschaft nicht existiert – gerade weil sie in unserer Welt gleichzeitig so mächtig und für viele Menschen so nichtssagend ist, weil ihre eigene Entwicklung uns den Zugang verschließt: Schnell und sinnlich fassbar sind heute nur noch die Anfangsgründe jeder ernsthaften Disziplin.

Aus ebendiesem Grund hat sich die Hoffnung der Aufklärung, der wissenschaftliche Fortschritt würde den Aberglauben erledigen, so wenig bewahrheitet. Je unzugänglicher und bedrohlicher die Naturwissenschaft, desto gesuchter und tröstlicher die Tarotkarten und das Horoskop.

Die Welt der Schamanen ist eine rhetorische Welt. Seine Rhetorik sind die Rituale, die er praktiziert. Es gibt eine sehr spannende Geschichte, die das illustriert: die vom Kwakiutl-Schamanen Quesalid, die uns Franz Boas überliefert hat.

Ein Indianer, Quesalid, glaubt nicht an die Macht der Schamanen. Neugierig, von dem Wunsch beseelt, sie als Betrüger zu entlarven, beginnt er ihre Nähe zu suchen, bis er das Angebot erhält, sich doch ausbilden und einweihen zu lassen. Er akzeptiert es und beschließt, sich zunächst nichts von seinen Absichten anmerken zu lassen. Die ersten Lektionen werden beschrieben: eine Mischung aus Schauspielunterricht und medizinischen Praktiken. Ein Schamane muss lernen, seine Schutzgeister pantomimisch zu spielen, er muss Vogel oder Jaguar werden können. Ferner benötigt er die Kunst, Ohnmachten zu heucheln, (hysterische?) Nervenanfälle zu erleiden, sich selbst zum Erbrechen zu bringen, magische Gesänge vorzutragen, sowie praktische Kenntnisse in der manuellen Untersuchung von Kranken und in der Geburtshilfe. Schließlich werden Quesalid auch zwei Geheimnisse nicht mehr vorenthalten: Die Schamanen setzen Spione ein, um Details privater Gespräche zu ermitteln, die ihnen dann den Ruf magischen Wissens um soziale Verfehlungen (die ja Krankheiten verursachen) verschaffen und die überzeugende Kraft ihrer Erklärungen steigern. (Bis heute sollen Heilpraktiker solche Horcher in ihre Wartezimmer postieren, die wartende Kranke belauschen oder sie in Gespräche verwickeln. Dank solcher Informationen muss der Heiler dann den Kranken nur ansehen, um zu sagen, was ihm fehlt.)

Dann erfährt Quesalid auch noch die spezielle Methode seiner Schule an den Küsten des Pazifiks. Der Schamane muss ein kleines Federbüschel im Mund verbergen, das Zahnfleisch blutig saugen und im geeigneten Augenblick »die Krankheit« als blutigen Wurm ausspucken und sie dem Kranken zeigen.

Quesalid fand sein Misstrauen also bestätigt. Dennoch führte er seinen Vorsatz nicht durch, die Schamanen als Betrüger zu entlarven. Er war nicht mehr ganz frei. Seine Lehrzeit war bekannt geworden. Eines Tages hatten ihn die Angehörigen eines Kranken gerufen, die ihn um Hilfe baten, denn der Kranke habe ihn als Heiler im Traum gesehen.

Quesalid machte einen Versuch, seine Kur wurde ein Erfolg. Doch der Kwakiutl verlor seinen kritischen Geist nicht. Er schrieb die Heilung der Überzeugung des Kranken zu, in dessen Traum er erschienen war. Was aber Quesalid zögern ließ und ihn nachdenklich machte, war die Begegnung mit den Methoden anderer Schamanen. Sie veranlasste ihn, seine anfänglichen Zweifel und seinen Wunsch, die Schamanen als Betrüger zu entlarven, neu zu überdenken. Wenn es mehrere Sorten betrügerischen Zaubers gibt, findet sich dann eine darunter, die weniger betrügerisch ist als die anderen?

Quesalid hatte die Koskimo-Indianer, einen benachbarten Stamm, besucht. Dort wurde er Zeuge der Kur eines berühmten Kollegen. Zu seinem Staunen, ja Entsetzen musste er feststellen, dass dieser eine ganz andere Technik des Heilens verwendete. Statt die Krankheit in der Form eines blutigen Federbüschels auszuspeien, spuckte sich der Koskimo-Schamane nur in die Hand und behauptete, das sei die Krankheit. So wollte Quesalid herausfinden, »worin die

Kraft dieser Schamanen besteht, ob sie wirklich vorhanden ist oder ob diese nur vorgeben, Schamanen zu sein«. Die Kur des Koskimo-Schamanen war erfolglos geblieben. Quesalid wird erlaubt, seine eigene Methode zu versuchen; er hat Erfolg, der Kranke gesundet. Verwirrt und enttäuscht, durch die Schande ihres Versagens an sich selbst und ihrem System zweifelnd, laden die Koskimo-Schamanen Quesalid in eine Grotte zu einer Geheimsitzung. Quesalid soll seine Lehre preisgeben, doch er schweigt. Ehe er seine vier Lehrjahre beendet habe, dürfe er keinen Unterricht geben. Er bleibt fest, auch als ihm die fremden Schamanen ihre angeblich jungfräulichen Töchter schicken, damit sie ihn verführen und ihm sein Geheimnis ablocken.

Auch in einem zweiten Wett-Heilen besiegt Quesalid einen älteren Kollegen, der ebenso wenig wie die Koskimo-Schamanen die Krankheit vorzeigen kann. Er gibt sich damit zufrieden, die unsichtbar bleibende Krankheit der eigenen Kopfbedeckung oder einem magischen Flittervogel einzuverleiben, die dann dank der »Kraft der Krankheit«, die sie aufgenommen haben, entweder am Pfosten des Hauses oder an der Hand des Arztes haften bleiben.

Auch hier triumphiert Quesalids Technik. Der ältere Schamane muss um seinen Ruf fürchten und bittet den Kwakiutl zu einer geheimen Unterredung. Auch er ist tief getroffen: »Wir wollen uns keine bösen Dinge sagen, Freund, ich möchte nur, daß du versuchst, mir mein Leben zu retten, damit ich nicht vor Scham sterbe, denn ich bin zum Gelächter unseres Volkes geworden wegen dem, was du letzte Nacht getan hast. Ich bitte dich ... mir zu sagen, was in jener Nacht an deiner Handfläche klebte. War es die wirkliche Krankheit oder war es nur fabriziert?«

Quesalid will wissen, was es mit dem Flittervogel und dem Kopfputz auf sich habe. Sein Kollege zeigt ihm, wie in der Kopfbedeckung eine Spitze versteckt ist, die man in einen Pfahl stechen kann, so daß ihn die »Kraft der Krankheit« festhält. Er unterrichtet ihn auch über eine spezielle Technik, den Vogel mit den Fingern festzuhalten, so daß die »Kraft der Krankheit« imitiert wird. Auch dieser Schamane ist also ein Betrüger.

Die Autobiografie macht nicht deutlich, ob Quesalid sich nun selber für einen echten Schamanen hält oder nicht. Er führt die erlernten Riten pflichtgemäß durch und verteidigt seine eigene, zunächst verspottete Technik gegen andere, scheinbar noch trügerischere Methoden. Sein anfängliches Ziel, die Schamanen zu entlarven, hat er ganz aufgegeben; seine Erfolge ermutigen ihn, weiterhin zu schamanisieren.

»Nur einmal«, schließt Quesalid, »habe ich einen Schamanen gesehen, der die Krankheit durch Saugen behandelte, und ich habe nie herausbekommen können, ob er ein echter Schamane war oder ein Betrüger. Nur aus einem Grund glaube ich, daß er ein Schamane war: Er erlaubte denen, die er geheilt hatte, nicht, ihn zu bezahlen. Und wahrhaftig, nicht ein einziges Mal habe ich ihn lachen sehen.«[85]

Bei dem in unserer individualisierenden Gesellschaft Analysierten soll Ich werden, wo Es war; Sigmund Freud hat diese Arbeit mit der Trockenlegung der Zuidersee verglichen. Ordnung, die nur im Ich möglich scheint, tritt an die Stelle des Chaos der Triebwünsche und ihrer mangelhaften Abwehr. Beim Schamanen hingegen soll Es werden, wo Ich war: Der Vorfahrengeist zwingt den jungen Menschen in das heilige Amt, auch wider dessen Willen. Aber Es ist hier nicht gleichbedeutend mit Chaos; es wird strukturiert durch das mythische Weltbild der Gemeinschaft, sodass sich der künftige Schamane nach seiner Krankheit recht gut darin zurechtfindet und auch seinen Mitmenschen hilft, sich in ihm zu orientieren.

Die Rationalität der Wissenschaft ist, wie Ernst Cassirer gezeigt hat, nur eine symbolische Interpretation der Welt neben anderen möglichen (der Kunst, dem Mythos). Man wird allerdings nicht abstreiten können, dass die Wissenschaft als Symbolsystem besonders erfolgreich (da sie sich mit viel höherem Wirkungsgrad in Technik übersetzen lässt) und darum auch besonders gefährlich ist.

Wenn ein von einem Indianer »ausgebildeter« Amerikaner als »Schamane, Heiler und zeremonieller Führer« Kurse in Schwitzhütten und auf Alpengipfeln anbietet, schlagen wir eines der späten Kapitel des Schamanismus auf. Es ist aber sicher nicht das letzte; im Gegenteil: Der esoterische Tourismus führt sicher an vielen Orten der Welt dazu, dass echte und eingebildete Kranke intensiver als früher mit echten und eingebildeten Heilern zu tun haben. Es liegt nahe, sich zu fragen, was diese Schamanen in unsere Mediengesellschaft bringen können, das sie nicht schon vorher aus ihr gelernt haben.

Die postmodernen Schamanismen verwischen den Unterschied zwischen der traditionsgebundenen Stammeskultur, die um den Schamanen zentriert ist, und dem romantischen Versprechen der Teilhabe an einem mystischen Wissen. Man kann eine Art ausgleichender Gerechtigkeit darin sehen, dass späte Abgesandte der von den Kolonisatoren unterdrückten Kulturen jetzt bei den Enkeln dieser Kolonisatoren mit Versprechungen von Spiritualität abkassieren.

Sind solche Kommentare der richtige Umgang mit den Nachfahren Quesalids? Der Erfolg des esoterischen modernen Schamanismus drückt Nostalgie aus, Sehnsucht nach einer noch intakten indigenen Kultur, die keinen magischen Tourismus inszeniert. Aber sollten wir uns nicht auch an der Vitalität des Schamanismus freuen, der Mammon so unter seine Schutzgeister aufgenommen hat wie ältere Schamanen den Geist des Dampfers?

Philippinische und brasilianische Geistheiler haben die Technik des blutigen Wurms weiterentwickelt. Sie heilen, sie scheitern, es gibt sicher zynische Taschenspieler unter ihnen so gut wie Gläubige und Weise. Jeder von ihnen bastelt an seiner eigenen Mischung zwischen Hochstapelei und Expertise. Auch in ihrer Kundschaft werden sich Skepsis und Wunderglaube mischen.

Die gefährliche Wiedergeburt des Medizinmanns in der Moderne ist nicht der clevere Collegestudent, der als schamanistischer Wanderprediger nach Europa reist, sondern der faschistische Diktator, der sich als Sprecher der Vorsehung, als von höheren Mächten begnadeter Führer versteht. Der Schamane als Hüter alles Lebens ist eine gereinigte, sozusagen getaufte Variante des archaischen Chauvinisten, der vor keiner Grausamkeit zurückschreckt, wenn sie nur seinem Stamm dient.

Wenn Hitler Wert darauf gelegt hätte, seine Macht nicht auszuüben, sondern sie zu verstehen, dann wäre der Schamanismus ein brauchbares Modell. Das Erleben und Überleben der Frontsituation spielte die Rolle der Initiation, die aus dem namenlosen Bohemien den sendungsbewussten, sich selbst in Trance redenden »Führer« macht.

Auch in dem Roman von J. R. R. Tolkien »Der Herr der Ringe« werden schamanistische Heilungen idealisiert: Sie sind zugleich urtümlicher und wirkungsvoller als die Techniken, die ausgebildete, nicht magisch berufene Heiler anwenden. Selbst die enge Beziehung zu einer Pflanze als »Schutzgeist« und Helfer hat Tolkien präzise beschrieben.

Aragorn, der Waldläufer und künftige König, verfügt über eine magische Beziehung zu einer Pflanze, die Athelas oder Königskraut genannt wird. Mit ihrer Hilfe kann er Verwundete retten, die in ein unheilbares Fieber fallen, allen Lebensmut verlieren und schließlich sterben.[86]

Tolkien greift hier schamanistische Merkmale (die Beziehung zwischen Heiler und magischer Pflanzenkraft, das Ringen mit den schädlichen Einflüssen im Geisterreich) auf und verbindet sie mit einem ebenfalls magisch aufgeladenen Königtum. Damit spielt er vielleicht auf einen englischen Aberglauben an, der noch in historischer Zeit eine Rolle spielte, dass nämlich der britische König Skrofeln durch Berührung heilen kann (»Kings Disease«).

9. Wie die Gehirnforschung Gott erklärt

Wenn wir nach den Trance-Ritualen der Gegenwart suchen, können wir in Popkonzerten, Techno-Raves oder Filmstreifen wie Mel Gibsons Kreuzigung in Matera fündig werden. Was zu fehlen scheint, ist etwas wie eine Theologie, ein rationales und doch metaphysisches System.

Doch auch diese Theologie gibt es: Sie nennt sich Neuroscience, manchmal auch Soziobiologie, Evolutionspsychologie oder schlicht Gehirnforschung. Freud hat einmal gesagt, dass alles im menschlichen Naturell der psychoanalytischen Forschung widerspricht. Für die Gehirnforschung gilt das Gleiche. Sie kann der Neigung, die alten planetarischen Götter mit neuen Namen zu versehen und sie im Schädelinneren anzusiedeln, so wenig widerstehen wie C. G. Jung ihrer Belebung als »Archetypen«: Mein Ich, mein Es, mein Mandelkern. Sie werden aus Modellen, aus Konstruktionen, mit denen wir Gedanken zusammenfassen und nach einer Theorie suchen (von der wir noch weit entfernt sind), zu dämonischen Persönchen, die in unserem Kopf von klugen Forschern aufgefunden worden sind und unsere Erlebnisse »erklären«: Mich hat nicht mehr ein Teufel besessen, ein Ahnengeist inspiriert, es war mein Schläfenlappen oder der Hypothalamus.

Kritischere Forscher betonen, dass sich die seelischen Erlebnisse nicht naturwissenschaftlich, sondern wiederum nur geisteswissenschaftlich, d.h. metaphorisch und deskriptiv mit erregten Gehirngebieten verknüpfen lassen. Für eine naturwissenschaftliche Kausalforschung ist die »Körnigkeit« viel zu verschieden, in der uns Nervenzellen, ihre Verbindungen und ihre Chemie einerseits, Erlebnisse andrerseits begegnen.

Die Amygdala (der Mandelkern) und das limbische System lassen sich organisch dingfest machen. Das bedeutet aber noch nicht, dass es einfacher ist, von diesen Strukturen kritisch-wissenschaftlich zu sprechen als von den Planetengöttern, den Instanzen des Unbewussten oder den Archetypen.

Die von philosophisch geschulten Psychoanalytikern beklagte Tendenz, aus abstrakten Konstruktionen wie Es und Über-Ich handelnde Subjekte zu machen, lässt sich vielleicht durch die neuropsychologische Forschung besser verstehen. Sie belehrt uns, dass in unserem Erleben jener horror vacui (das »Erschrecken vor der Leere«) herrscht, den die frühen Physiker dem Kosmos unterstellten.

Schlaganfallpatienten und Menschen mit Phantomschmerzen nach einer Amputation sind hier besonders instruktive Beispiele. Der Arzt bittet die linksseitig gelähmte Frau, seine Nase mit der linken Hand zu berühren. Sie kann das nicht, weil diese Hand schlaff in ihrem Schoß liegt, aber sie ist überzeugt, es zu tun, weil die Gehirnpartie, deren Funktionstüchtigkeit für die Körperwahrnehmung zuständig ist, nicht funktioniert und sie daher ihre Hand vor der Nase des Arztes »sieht«.[87]

Die Wirkungen der Planeten können wir nur deuten. Sie ziehen unbeeinflussbar ihre Bahn; wir können nicht Venus ausschalten und Merkur stimulieren, um herauszufinden, was an der Astrologie triftig ist. Aber die Wirkungen, die von den unterschiedlichen Lappen und Kernen des Gehirns ausgehen, können wir manchmal mit solchen Mitteln untersuchen.

Schlaganfälle oder Verletzungen durch Unfälle setzen bestimmte Zentren außer Kraft. Die daran anknüpfende Forschung hat in den letzten Jahren verdeutlicht, wie viele unterschiedliche Ich-Bestandteile es gibt. Gerhard Roth, der die Ergebnisse zur Kritik der Illusion des »freien Willens« zusammengetragen hat, unterscheidet das *Körper-Ich* vom

Verortungs-Ich, das mir sagt, dass ich mich gerade an diesem Ort befinde, sowie das *perspektivische Ich*, das mich in den Mittelpunkt »meiner« Welt setzt. Roth erklärt mit Hilfe dieser Differenzierungen Zustände, die häufig spirituell interpretiert werden. Die sogenannten »Nahtoderfahrungen« hängen mit charakteristischen Ausfällen der Ich-Körper-Identität, der Orientierung im Raum und des Ortsbewusstseins zusammen.[88]

Eine weitere Komponente des Ichs ist das Subjekterleben, das Empfinden, dass ich und kein anderer wahrnehme, denke, Lust und Schmerz spüre. Damit verwandt, aber nicht identisch wäre ein Autorschafts- oder *Kontroll-Ich*, das mir sagt, dass ich der Herr über meinen inneren Haushalt bin; mit diesem ist das *autobiografische Ich* verwandt, das die Kontinuität des Erlebens in der Zeit ermöglicht.

Diese Ich-Funktionen sind in Umrissen lokalisierbar, wobei die Ergebnisse der Neuroforschung meist die Kooperation von Zentren und ganzheitlichen Funktionen zugrunde legen. Das *Erlebnis-Ich* ist eine Funktion des Schläfenlappens und des Übergangs zum Scheitellappen. Dort werden Sehen, Hören, Fühlen und Gleichgewichtsempfindungen koordiniert. Das *autobiografische Ich* hat mit dem Hippocampus, dem orbitofrontalen Kortex (also der Hirnrinde hinter den Augen und der Stirn) und dem vorderen Rand des Schläfenlappens zu tun.

Solche Unterscheidungen wären müßig, wenn nicht nach Gehirnverletzungen Patienten einzelne dieser Ich-Funktionen einbüßen würden – z.B. indem sie ihr autobiografisches Ich verlieren, aber ihr Erlebnis-Ich behalten.

Was früher als »Stimme Gottes« oder »Stimme des Gewissens« beschrieben wurde, lässt sich am ehesten mit dem selbstreflexiven Ich vergleichen, das über sich nachdenkt und entscheidet, was verantwortlicherweise getan werden soll. Die ethische Reflexion hängt zweifellos mit den Funktionen des Stirnlappens zusammen; die sprachliche mit den beiden »Sprachzentren«, die schon lange bekannt sind und nach zwei Pionieren der Neurologie das Wernicke- und das Broca-Areal heißen.

Ich kann mich noch genau an die Zeit erinnern, in der »mein« Stirnhirn voll funktionstüchtig wurde. Es war gegen Ende der Pubertät, als ich plötzlich entdeckte, dass ich auf eine bisher mir völlig fremde Art über mich nachdenken, mich selbst zum Gegenstand von Überlegungen machen konnte. Es war ein triumphales Erlebnis, das ich mir so deutete, dass ich erst jetzt beginnen würde, »richtig« zu denken.

Ich begann für einige Zeit, mich über Mängel meiner Person mit dem Gedanken zu trösten, dass ich zwar kalendarisch siebzehn, geistig aber erst ein Jahr alt sei. Ich wollte viel allein sein, um die neue Funktion in aller Ruhe zu genießen, und schnitt mir zum Entsetzen meiner Mutter mit der Küchenschere die Haare, um dem »Hamlet« aus dem Film von Laurence Olivier ähnlicher zu sein, dessen Monolog über »Sein oder Nichtsein« ich auswendig lernte.

Solche Veränderungen sind zu erwarten, wenn die Stirnrinde ausreift. Was umgekehrt geschieht, wenn ein Unfall größere Teile des hinter den Augenhöhlen liegenden Stirnhirns zerstört, zeigt der von Antonio Damasio[89] genau analysierte Fall des amerikanischen Ingenieurs Phineas Gage, der nach einer solchen Verletzung zwar überlebte, aber nicht mehr der friedliche, umsichtige und höfliche Mensch blieb, als den ihn seine Angehörigen und Kollegen vor dem Unfall erlebt hatten. Er verwandelte sich in einen Grobian, der weder sich noch andere schonte.

Damasio erklärt diese Entwicklung so: Das Stirnhirn wird von dem Mandelkern (Amygdala) stimuliert und hemmt diese seinerseits. Kleine Kinder verhalten sich egoistisch und impulsiv; das reifende Stirnhirn kann diese Aktivitäten kontrollieren und lenken. Wird es zerstört, verhält sich der Verletzte wieder wie ein kleines Kind im Körper und mit den Bedürfnissen eines Erwachsenen.

Geschichten wie die von Phineas Gage rauben dem Kant'schen Satz, der »den gestirnten Himmel über mir« mit dem »Sittengesetz in mir« vergleicht, einen Teil seiner Vergleichskraft. Die vermutete Festigkeit des Sittengesetzes »in mir« ist eine Illusion. Nur was im Gesetzbuch steht, was die Gesellschaft zu überindividueller Gültigkeit führt, kann der prekären nervösen Basis unseres Erlebens eine eigene Festigkeit entgegensetzen.

Genau genommen verfehlt der Ausdruck vom Gehirn, das etwas »umsetzt«, die Realität – ebenso wie die Idee vom Gottesmodul, das die Gottesvorstellung »enthält«. In Wahrheit ist das Gehirn der Ort ständiger Wechselwirkung zwischen Erlebnisprozess und organischem Geschehen. Erlebnisse verändern Zellen; veränderte Zellen prägen Erlebnisse.

Der Bereich, in dem diese Prozesse ungestört ineinandergreifen, ist für gesunde Personen der entscheidende. Auf dieser Ebene lassen sich die Gedanken des Evolutionisten und des Kreationisten nicht unterscheiden. Es sind beides Gedanken, die aus einem intakten Gehirn kommen; das Wesen des intakten Gehirns ist ein ganzheitliches, übergreifendes Geschehen, das wir als Erleben wahrnehmen und über das wir – vorausgesetzt das Stirnhirn funktioniert angemessen – nachdenken und uns mit anderen austauschen können.

Wer die Natur und die eigene Existenz auf einen Prozess der natürlichen Auslese zurückführt, muss die Realität wahrgenommen und viel gelesen haben. Für den Kreationisten, der an einen persönlichen Gott glaubt, gilt das Gleiche. Der Kreationist wird noch anführen, dass die Menschen, seit wir etwas über frühe Kulturen und archäologische Zeugnisse wissen, schon immer in irgendeiner Form Göttliches verehrt haben.

Der Evolutionist wird die Bereitschaft des menschlichen Nervensystems untersuchen, Illusionen zu entwickeln. Aus ihr wird er dann ableiten, dass die Gottesillusion ein Aspekt jener Hilfskonstruktionen ist, mit dem unser Erleben schon immer versucht hat, dort »Sinn« zu produzieren, wo es gefahrlos und nutzbringend ist. Er wird feststellen, dass diese Illusion nicht standhält, wenn wir sie kritisch prüfen und dem Anspruch unterwerfen, den die Naturforschung inzwischen aufgebaut hat.

Was hat es nun mit dem »Gottesmodul« auf sich? Der Begriff stammt von dem prominenten Neurowissenschaftler Vilaynur S. Ramachandran. Um ihn zu verstehen, müssen wir die Diskussion über die Arbeitsweise des Gehirns rekapitulieren. Trotz aufsehenerregender Einzelergebnisse der Forschung gibt es nicht eine Theorie, sondern zwei: den Holismus und das Baukastenprinzip.

Nach der ersten Theorie funktioniert das Gehirn ganzheitlich; viele Hirngebiete können für unterschiedliche Aufgaben verwendet werden. Nach der zweiten Theorie baut sich die Gehirnfunktion aus einzelnen Bausteinen, den Zentren oder Modulen, auf; es gibt ein Sprachzentrum, ein Sehzentrum, ein Gedächtniszentrum, ein Zentrum für Mathematik und eines für das Wiedererkennen von Gesichtern.

Ramachandran schlägt vor, beide Sichtweisen zu integrieren.[90] Die Frage nach der Lokalisation sei so lange von Nutzen, wie sie hilft, Funktionszusammenhänge zu entschlüsseln. Das Baukastenprinzip lässt sich vor allem durch die Untersuchung von Hirnverletzungen bestätigen: Winzige Zellhaufen wie die Hippocampus genannte Struktur sorgen z. B. dafür, dass Erinnerungen gespeichert werden können. Menschen mit einer Schädigung dieser Struktur (z. B. durch Sauerstoffmangel oder Alkoholmissbrauch) scheinen ganz unauffällig. Man kann sich normal mit ihnen unterhalten – wenn der Untersucher aber für eine Minute das Zimmer verlässt und dann wiederkommt, behandeln sie ihn so, als hätten sie ihn nie gesehen.

Es gibt ein Gerät, den transcranialen Magnetstimulator, mit dessen Hilfe es möglich ist, bestimmte Felder des Gehirngewebes zu reizen, d. h. ihre Aktivität zu erhöhen. Diese

Technik entwickelt ein längst bekanntes Verfahren weiter, das im Tierversuch zur Entdeckung der so genannten »Lustzentren« geführt hat. Ratten, die lernten, die Elektrostimulation selbst einzuschalten, wurden von der Taste so abhängig, dass sie das Fressen vergaßen und verhungerten.

Gegenwärtig lässt sich auf unblutige Weise nur die Oberfläche des Gehirns stimulieren; die menschlichen Lustzentren liegen im Septum, einem Zellhaufen an der Vorderseite des Thalamus in der Mitte des Gehirns, für die gegenwärtigen Apparate (noch) nicht erreichbar. Michael Persinger[91] probierte einen solchen Magnetstimulator an seinen Schläfenlappen aus und stellte fest, dass er zum ersten Mal ein Gotteserlebnis hatte.

Dieser Versuch veranlasste Ramachandran zu systematischeren Überlegungen. Der indische Forscher wusste, dass eine Verbindung zwischen Epilepsie und religiösen Erfahrungen immer wieder diskutiert worden war. Patienten mit Schläfenlappenepilepsie berichten überzufällig häufig (allerdings keineswegs regelmäßig) über intensive spirituelle Erfahrungen und beschäftigen sich nachher zwanghaft mit religiösen Fragen. Dem Apostel Paulus und dem Propheten Mohammed wird eine solche Form der Epilepsie nachgesagt.

Patienten mit Temporallappenepilepsie berichten, Gott habe sich gezeigt, er habe zu ihnen gesprochen und ihnen alle Rätsel der Welt erklärt. Sie sehen intensive Lichterscheinungen, aus denen eine Stimme zu ihnen spricht oder eine Einsicht auftaucht, die ihnen unendlich tiefer und gründlicher erscheint als alles, was sie bisher erlebt haben.

Solche Formen der Epilepsie werden durch einen Defekt im limbischen System »gezündet«. Diese Struktur im Gehirn hat eine religionspsychologisch interessante Forschungsgeschichte.

Seit dem Dionysos-Kult der Antike wissen wir, dass es einen engen Zusammenhang zwischen Religion und jenem

Zustand gibt, den wir als »Raserei« bezeichnen und dessen Träger die jedem Freund der griechischen Kunst wohlbekannten Mainaden (die Rasenden) sind, deren Tanz wir auf antiken Sarkophagen sehen.

Ein Zug der Dionysos-Mythen hat die Tragödie von Euripides »Die Bakchen« inspiriert. Darin schildert der Dichter eine tollwütige Raserei, in der die vom Gott erfüllten Anhängerinnen die Gegner des Kultes zerfleischen und in Stücke reißen. Eines dieser Opfer war Pentheus, der König von Theben, der von seiner eigenen Mutter Agaue und ihren Schwestern im heiligen Wut-Wahn zerrissen wurde.

Die »Symptome« der rasenden Anhängerinnen des Bacchus-Kultes lassen sich als Freisetzung der im Patriarchat unterdrückten weiblichen Aggressionen deuten. Aber es gibt einen neurologischen Zusammenhang, der sie mit zwei auf den ersten Blick weit voneinander entfernten Phänomenen verknüpft: den Symptomen der Tollwut und dem Gotteserleben der Personen, die unter einer Schläfenlappen-Epilepsie leiden.

1935 wollte der französische Anatom James Pavez die Frage ergründen, weshalb Patienten, die an Tollwut sterben, in den Stunden vor ihrem Tod die heftigsten Emotionen von Wut und Angst durchlebten. Er vermutete, dass ein Erreger im Speichel der Hunde in das Nervengewebe eindringe und auf diesem Weg die Gehirnzentren erreiche, die für die menschlichen Leidenschaften zuständig sind.

Diese Macht des Tollwut-Virus ist ein erstaunliches Dokument, welche grausamen Wege die Evolution einem winzigen Parasiten ermöglicht. Der gebissene Artgenosse – Fuchs, Wolf oder Hund – wird durch das Vordringen des Virus zum Werkzeug gemacht, das am Ende nicht anders kann, als durch »tollwütige« Bisse das Virus weiter zu verbreiten.

Um das zu ermöglichen, muss das Virus jene Hirnstrukturen zuerst befallen, die das aggressive Zubeißen stimulieren, den Rest des Nervensystems aber so lange schonen, dass das Opfer beweglich und kräftig genug bleibt, um diesen Auftrag zu erledigen. Beim Menschen, der so wenig in den Plan des Virus gehört wie ein Pflanzenfresser, ist das wichtigste psychische Symptom des Tollwutkranken nicht die bissige Wut, sondern schreckliche Angst vor den quälend aufsteigenden, sinnlosen Aggressionen, die das Selbstbild erschüttern.

Papez gelang es, das Zielgebiet des Tollwut-Virus im Gehirn der Opfer zu finden: Es war jene Struktur, die schon lange vorher Pierre Paul Broca (der Entdecker eines der »Sprachzentren«) »limbisches System«[92] genannt hatte.

Es liegt an der inneren Großhirnrinde, verbindet eine Reihe von Zellhaufen und ist nach den Beobachtungen an Schlaganfallpatienten und Tollwutopfern weder für die Bewegungen der Muskulatur noch für die Wahrnehmungen der Sinnesorgane zuständig, sondern für die mit den Sinneswahrnehmungen verknüpften »Bedeutungen« im Sinn von deren affektiver Tönung und Verankerung in der Persönlichkeit. Es empfängt Reize von allen Sinnesorganen und ist besonders eng mit dem Geruchssinn verbunden, der bei höheren Tieren den Affekten besonders nahe steht: Aggression, Territorialverteidigung, Sexualität.[93]

Wir wissen das meiste über die Arbeitsweise des limbischen Systems durch Epileptiker mit atypischen Anfällen, welche durch Funktionsstörungen von Neuronen in diesem Gebiet auftreten. Der (viel häufigere) »große« epileptische Anfall entsteht durch eine Art elektrischen Flächenbrand der Gehirnrinde. Die Muskeln zucken in extremen Spannungen, der Kranke verliert das Bewusstsein. »Kleine« Anfälle in der für unsere Bewegungen zuständigen Gehirnregion (dem motorischen Kortex) führen zu bizarren Sequenzen von Muskelzuckungen (Jackson-Epilepsie).

Liegt aber der Herd im limbischen System, dann kann religiöse Raserei eine der möglichen Folgen sein. Die Symptome einer Schläfenlappenepilepsie sind »emotional«. Obwohl wir meist angesichts erschütternder religiöser Erlebnisse von »spirituellen«, also »geistigen« Erfahrungen sprechen, handelt es sich durchweg um emotionale Phänomene. Diese unterscheiden sich jedoch von allen bisher vertrauten Gefühlen. Sie werden nicht als innere Zustände erlebt, sondern als die Realität überschreitende Erfahrungen.

Wenn wir uns eine Gehirnstruktur vorstellen, die für die emotionale Bewertung von Wahrnehmungen zuständig ist, werden die Folgen einer Über-Erregung dieser Struktur verständlicher. Die Betroffenen sind entzückt oder verängstigt, beides im höchsten Grad. Sie empfinden sinnlos rasende Wut, abgrundtiefe Verzweiflung, berauschende Erlösung.

Frauen erleben in diesen Anfällen emotionaler Nervenstürme manchmal Orgasmen, Männer jedoch nicht. Das entspricht der Beobachtung, dass Männer ihren Orgasmus auf den Penis und die Ejakulation projizieren, während Frauen ihn durchaus in den Tiefen der Vagina ansiedeln können, obwohl im sexualphysiologischen Experiment die Stimulation der Klitoris den Ausschlag gibt. Ihr Orgasmus ist sozusagen beweglicher als der männliche; so erlauben sie sich den durch die Erregung limbischer Zentren geschaffenen Höhepunkt, während ihn sich die Männer unbewusst verbieten und – wenn die Spekulation zulässig ist – aus ihm eine Jenseitserfahrung machen, die ihnen das Selbstgefühl des Propheten schenkt.

Etwas über ein Drittel (in einer Untersuchung 38 Prozent)[94] der Patienten mit Schläfenlappen-Epilepsie erleben Mystik als Symptom. Sie sind überzeugt, den Sinn ihrer Existenz entdeckt zu haben, vom wahren Wesen des Kosmos durchtränkt zu sein, Gott zu erkennen, erleuchtet zu sein. Ramachandran zitiert einen solchen Patienten, der mit acht Jahren seinen ersten Anfall hatte. »Plötzlich sah ich alles kristallklar vor mir ... ich hatte nicht mehr den geringsten Zweifel!« Auf die Frage, ob er das nicht genauer sagen könne, entgegnete er: »Ach wissen Sie, Herr Doktor, das ist nicht leicht. Es ist, als wollten Sie einem Kind, das noch nicht in der Pubertät ist, die Wonnen der Sexualität erklären.«[95] Ramachandran fasst zusammen:

»*Die Anfälle – und Erscheinungen – dauern im Allgemeinen nur wenige Sekunden. Doch diese kurzen Schläfenlappenstürme sind manchmal in der Lage, die Persönlichkeit des Patienten dauerhaft zu verändern, sodass er sich auch zwischen den Anfällen von anderen Menschen unterscheidet. Niemand weiß, warum das so ist, doch es hat den Anschein, als würden die wiederholten elektrischen Ausbrüche (die dichten Schauer von Nervenimpulsen, die das limbische System in wiederholten Wellen durchströmen) bestimmte Wege dauerhaft ›bahnen‹ oder sogar neue Kanäle eröffnen, ganz ähnlich, wie das Wasser eines Wolkenbruchs auf seinem Weg talwärts neue Rinnsale, Bäche und Flüsschen bildet.«*[96]

Mein Gehirn reagiert auf Reize. Ich erfahre davon erst, wenn dafür notwendige Bedingungen zusammenkommen. Da diese günstigen Bedingungen von der Evolution »vorgesehen« sind, weil sie dem menschlichen Überleben optimal dienen, kann ich auch damit rechnen, dass sie die meiste Zeit meines Lebens vorherrschen werden.

Unter ungünstigeren Bedingungen erlebe ich entweder gar nichts mehr, wie im großen epileptischen Anfall, oder angesichts von Blutleere bzw. Vergiftungen wird der Gehirnstoffwechsel geschädigt.

Wenn ich nach solchen Einbrüchen wieder in den Zustand des normalen Erlebens trete, ist dieses Erleben nicht mehr normal. Das traumatische Ereignis hat Spuren hinterlassen, die vorübergehen können (ich erschrecke über einen alkoholbedingten Blackout und verzichte künftig auf das Komatrinken mit meinen Freunden) oder aber in irgendeiner Form bestehen bleiben und sich in Vermeidungsverhalten, Zwangserinnerungen niederschlagen, wie es unter dem Krankheitsbild der posttraumatischen Störungen beschrieben wird.

Wenn wir davon ausgehen, dass ein Anfall von Temporalepilepsie den Betroffenen »durcheinanderbringt«, dann ist die religiöse Neuorientierung als ein Versuch zu verstehen, solche Ereignisse nicht nur zu verstehen, sondern den Rest der Persönlichkeit neu zu organisieren, sozusagen um dieses Ereignis herum, wie das auch angesichts anderer Traumatisierungen beschrieben wird.

Diese Reaktionen mit einem »Gottesmodul« im Gehirn zu verknüpfen, zeigt die charakteristische Mythenbildung in den Neurowissenschaften. Sie meinen, eine »Wirklichkeit« zu finden, die sich von »bloßer Einbildung« unterscheidet. Aber die von dem Epileptiker früher erlernten Bilder, die sich jetzt in einem religiösen Bekehrungserlebnis neu strukturieren, sind genauso wirklich oder unwirklich, sind »Worte, nichts als Worte«, wie die Begriffe, mit denen der Neurowissenschaftler operiert. Sie symbolisieren nur etwas anderes. Das »Gottesmodul« ist ebenso ein Symbol wie »Jehova«. Nur die Orte und der Kontext unterscheiden sie voneinander: das Gottesmodul finden wir im »limbischen System«, Jehova in einem »heiligen Buch«.

Können wir eine »angeborene Religiosität« dadurch beweisen, dass wir die zerebralen Erregungsmuster meditierender Buddhisten oder betender Nonnen aufzeichnen? Der amerikanische Forscher Andrew Newberg hat über solche Experimente berichtet, bei denen radioaktive Marker und Single-Photon Emission Computed Tomography (SPECT) kombiniert wurden.[97]

Das Gerät liefert präzise Momentaufnahmen der Durchblutungsmuster im Gehirn auf dem Höhepunkt religiöser Versenkung; es zeigt – wie logisch nicht anders zu erwarten –, dass dabei tatsächlich etwas im Gehirn geschieht. Die Geschichts- und Kulturblindheit eines Neurowissenschaftlers lässt sich kaum anschaulicher dokumentieren als durch solche Kurzschlüsse, in denen das selbst versteckte Osterei, oh Wunder, tatsächlich gefunden wird.

Der Untertitel von Newbergs Buch (»Wie Glaube im Gehirn entsteht«) leugnet schlicht, dass dieser Glaube via Spracherwerb und kulturelle Prägung erst einmal in das Gehirn gebracht werden muss, um dort »entstehen« zu können. Das Ganze ist ungefähr so logisch wie ein Buch über die Frage, wie Milch in der Molkerei entsteht.

Die Neurowissenschaften haben uns über einen Gegensatz belehrt, den die antike Rhetorik, die Kunsttheorie der Renaissance und die Psychoanalyse auf ihre jeweils eigene Weise interpretierten: Den Kontrast zwischen der Schöpfung durch Addition und jener durch Subtraktion, der Gestaltung durch Hinzufügen und jener durch Wegnehmen.

Prägnant formulierte ihn Michelangelo als den Gegensatz zwischen der hohen Kunst der Skulptur und der niedrigen der Plastik bzw. Malerei. Die Skulptur nimmt alles Störende weg und lässt schließlich die reine Gestalt der Statue aus dem Marmorblock auftauchen wie Venus aus dem Meer. Malerei und Plastik aber fügen etwas hinzu, kleben etwas zusammen und machen daraus eine Figur oder ein farbiges Bild.

Freud hat diesen Gegensatz aufgegriffen und die Psychoanalyse als Kunst des Wegnehmens gegen die Suggestion, die Hypnose und letztlich auch die religiöse Illusionsbildung als Künste des Hinzufügens gesetzt. Da ich seine widersprüchliche, von Fehlleistungen durchzogene Argumentation in dieser Sache an anderer Stelle untersucht habe[98], wende ich mich gleich wieder unserem Thema zu.

In den Neurowissenschaften wird die Entwicklung der nervösen Funktionen unter dem Begriff des »Zuschneidens« (clipping, pruning) beschrieben. Anfänglich entwickelt das Gehirn zahllose Verbindungen, ähnlich einem jungen Baum, dessen Zweige wild durcheinanderwachsen. Durch die Reifung der motorischen und sensorischen Funktionen werden diese Verbindungen ausgedünnt, bis nur noch jene übrig bleiben, die den Zielen des Systems dienen. Die Entwicklung des Gehirns müssen wir uns also vorstellen wie die eines Obstgehölzes, das der Gärtner durch das Ausschneiden von Ästen in eine funktionstüchtige Form bringt.

Der Geist »reift« und »wächst«, indem Unmengen an vorhandenen Zellverbindungen unterdrückt, gehemmt, abgeschnitten werden.

Das heißt, dass die organische Entwicklung anders abläuft, als es uns unser Bewusstsein erscheinen lässt. Wenn ich mir vorstelle, ein Kind lernt, nach seinem Becher zu greifen, stelle ich mir vor, dass es eine zielbewusste Bewegung erlernt, die es noch nicht kann; in der Realität (die sich unschwer in der Beobachtung kleiner Kinder auffinden lässt) produziert das Kind aber einen chaotischen Bewegungssturm und unterdrückt dann alle Bewegungen, die nicht zum Ziel führen. Ganz ähnlich beruht die schließlich gesprochene Sprache auf einer winzigen Auswahl aus der riesigen Fülle an Lauten, die das Kind in der Phase des Spracherwerbs produzieren kann.

So spiegeln sich die stolzen Bekenntnisse des Bildhauers und des Psychoanalytikers in einem Prinzip der Entwicklung des Nervensystems – und in dem wissenschaftlichen Grundsatz, der sich mehr als alle anderen der Religion in den Weg stellt.

Dieser Grundsatz wird manchmal »Occams Rasiermesser« genannt: *Principia praeter necessitatem non sunt multiplicanda*. Um uns in der Welt der Erscheinungen nicht zu verlieren, müssen wir die notwendigen Prinzipien festhalten *und alle entbehrlichen weglassen*.

Aber dadurch wird die Gottesvorstellung als Teil einer naturwissenschaftlichen Erklärung der Welt kraftlos. Sie behält ihre immense Bedeutung in der Geschichte und ihre Kraft in jenen Teilen der Psyche, die sich der Mathematik entziehen. Wenn wir Psychotherapie als Naturwissenschaft sehen, müssen wir in ihr auf Gott verzichten. Wenn wir sie als Geisteswissenschaft sehen, gehört Gott ein Platz in ihr, allein schon deshalb, weil er in der Geschichte der Menschheit so wichtig war und weil eine metaphernreiche Sprache, die menschliche Emotionen weckt und gestaltet, ohne Rückgriff auf

Mythos, Legende, Märchen und religiöse Überlieferung arg behindert würde.

Die oben erwähnten Prinzipien der Neurowissenschaften können uns auch helfen, jenes »ozeanische Gefühl« besser zu verstehen, das in der Auseinandersetzung über die Ursprünge der Religion eine Rolle spielt. Während die westliche Theologie davon ausgeht, Gott sozusagen nach dem Prinzip des Hinzufügens dem Menschen verfügbar zu machen, orientiert sich die buddhistisch inspirierte Zen-Meditation am Prinzip des Weglassens.

Wie der Bildhauer bzw. der gestaltende Impuls im Gehirn alles Störende wegnimmt, um die gewünschte Form zu finden, so soll auch der Meditierende lernen, die unablässige Gedankentätigkeit der Psyche wegzulassen, schweigend und sitzend in einen Zustand zu finden, in dem sich ein leeres Zentrum ergibt. Es wird als reines Bewusstsein beschrieben, ungetrübt durch Inhalte, Nirvana, Erleuchtung.

Indem der Meditierende sich von den kleinen und kleinlichen Gedanken des Alltags befreit, öffnet er sich dem ozeanischen Gefühl.

10. Glauben und Wissen

»Glauben und Wissen vertragen sich nicht wohl im selben Kopfe. Sie sind dann wie Wolf und Schaf in einem Käfig, und zwar ist das Wissen der Wolf, der den Nachbar aufzufressen droht.« [99]

Wir *wissen*, dass wir wahrnehmen, was wir vorher konstruiert haben. Aber wir *erleben* den Unterschied zwischen »wirklich« und »nicht wirklich«. Ich erinnere an das Beispiel des Pilzsuchers. Der reale Pilz ist doch etwas ganz anderes als der, an den er nur *geglaubt* hat, weil er so gern einen großen Steinpilz gefunden hätte und nun leider bemerkt, wie sich dieser beim Näherkommen als ein Ast oder ein Häufchen welker Blätter erweist.

Die Szene der Suche verselbstständigt sich, wenn es um Metaphysik geht. Jetzt wird der eine »erleben«, dass er Gott »wirklich« gefunden hat, während ein anderer »weiß«, dass es Gott nicht gibt. Da es keine Möglichkeit gibt, Gott zu beweisen, wird besonders erbittert darum gestritten, ob er »real« ist oder eine Illusion.

Gruppe und Glaube

Jeder der Kontrahenten braucht, um diese unentscheidbare Frage scheinbar doch zu entscheiden und eine oft quälende Unsicherheit zu beseitigen, andere Personen, die seine Meinung teilen, seinen Glauben übernehmen und bestätigen. Das heißt (und die Evolution bestätigt das): Religion ist nur unter in Gruppen lebenden Organismen denkbar.

Wir wissen nicht, ob Bienen religiöse Vorstellungen haben; wir wissen nur, dass sie in vielen Mythologien und frommen Fabeln auftauchen. Wir wissen nicht, ob Hunde beten, aber ihre Fähigkeit, »Verehrung« auf ein Wesen außerhalb ihrer Verständnismöglichkeiten zu übertragen, hat ihnen schon früh einen Platz in der frommen Ikonographie verschafft.

Wer die schönen Fresken im Kapitelsaal der Kirche von Santa Maria Novella in Florenz betrachtet, findet dort schwarz-weiße Hunde, die mit gefletschtem Gebiss Heiden und Ketzer verfolgen. Es sind die Hunde des Herrn, domini canes; schließlich war dieser Saal ein Versammlungsraum des Dominikanerordens, dessen Mönche weißes und schwarzes Tuch tragen.

»Es gibt ein äußerst bemerkenswertes, in der Tat einzigartiges Ereignis innerhalb des biologischen Systems – das Entstehen einer Beziehung, die jener Beziehung sehr ähnlich ist, die viele Männer und Frauen zu dem unterhalten, was für ihr Gefühl Realität ist und was sie Gott nennen. Ich meine die Ergebenheit des Hundes gegenüber dem Menschen. Hier ist ein Tier, das seine Anhänglichkeit und seinen Gehorsam vom Leittier des Rudels auf einen neuen Herrn übertragen hat; noch mehr: der nicht nur ein treuer Diener ist, sondern einer, der seinem Meister gegenüber eine kindesähnliche Verehrung und Liebe entwickelt.«[100]

Die Funktion, Gruppen zu bilden und sie zu festigen, ist eine treibende Kraft hinter jenen Phantasien, die wir Religion nennen. Eine Fahne genügt nicht, die Soldaten zusammenzuhalten; sie muss auch etwas bedeuten.

Das religiöse Symbol war ursprünglich ein Feldzeichen, wie es uns noch die Legende von Konstantin vermittelt: In diesem Zeichen wirst du siegen. Der »erfolgreiche« Glaube hielt Gruppen zusammen und befähigte sie zu erstaunlichen Leistungen. Die aus Ägypten vertriebenen Stämme Israels eroberten das ihnen von ihrem Gott bestimmte Land; die Christen trugen das Kreuz gegen die Heiden, die Araber eroberten, von Mohammed inspiriert, in wenigen Jahrzehnten den Orient.

Ein zentrales Merkmal jeder Gruppe ist ihre Grenze, durch die sie sich von anderen Gruppen unterscheidet. Diese Grenze hat immer religiöse Qualitäten und ist in vielen Fällen geradezu eine Religion. Gegenwärtig werden oft auch bereits fast vergessene religiöse Unterschiede belebt, um Gruppen zu bilden und sie gegeneinander abzugrenzen.

Was Autoren wie Sigmund Freud in ihrer Grenzziehung zwischen den Wissenschaftlern und den Illusionsgläubigen unterschätzen, ist die schlichte Tatsache, dass jeder von uns mehreren Gruppen angehört. Daher bedeutet die Zugehörigkeit zur Gruppe der Wissenschaftler keineswegs automatisch die Zugehörigkeit zur Gruppe der Gottlosen.

Ob ein Wissenschaftler sich von dem persönlichen Gott distanziert oder nicht, scheint nach der eingangs erwähnten Statistik *auch* von der wissenschaftlichen Kreativität und dem damit verbundenen Prestige abzuhängen. Wer Gott nicht braucht, um seine Nervengewitter zu verarbeiten, muss entweder besonders tüchtige kritische Fähigkeiten haben oder von den ärgsten inneren Stürmen verschont bleiben.

Diese Aussage trifft aber nur für eine Epoche zu, die im 19. Jahrhundert begann. In ihr gehört es zu den normalen Entwicklungen der Adoleszenz, den von den Eltern überlieferten Kinderglauben abzulegen und sich neu zu orientieren. Es gibt verschiedene Ausgänge dieses Prozesses. Der häufigste dürfte in Mitteleuropa ein weitgehendes Verblassen aller religiösen Orientierungen sein; an ihre Stelle treten Gruppenkulturen, die sich auf Konsum und/oder Karriere zentrieren.

Für den Jugendlichen aus frommem Elternhaus ergibt sich die Aufgabe, ein eigenes Urteil über die Glaubwürdigkeit dessen zu finden, was ihm die Eltern bzw. die Vertreter der institutionalisierten Religion vermittelt haben. Er wird aus der Kirche austreten oder sich von ihr distanzieren, um sich von den Eltern abzugrenzen.

Umgekehrt wird der weitgehend areligiös erzogene Jugendliche möglicherweise die Grenze zu den Eltern dadurch scharf nachziehen, dass er sich einer fundamentalistischen Gruppe anschließt; solche Entwicklungen sind häufig aufgefunden worden, seit gerade der islamische Fundamentalismus angesichts der Terror-Epidemie zu Beginn des neuen Jahrtausends in den Blickpunkt der Aufmerksamkeit rückt.

Diese Überlegungen gehören in eine Untersuchung über das »Gottesmodul«, von dem Ramachandran spricht, weil sie etwas zurechtrücken. Für die meisten Menschen ist die Religion nicht besonders wichtig. Sie sind nicht tiefgläubig und auch nicht atheistisch. Sie sind, was den Propheten stets ein Gräuel war, lau, unentschieden, dem Fanatismus abgeneigt, bereit, sich der Realität anzupassen, und dem Märtyrertum abhold. Sie bewegen sich zwischen mildem Zweifel und vorsichtigem Glauben.

Ihnen spricht der italienische Dorfpfarrer aus der Seele, der mit dem Satz »Es ist doch so leicht« (è tanto facile….) seinen Schäflein einredet, bei der Stange zu bleiben. Sie sollten ein wenig an Gott glauben und einmal im Jahr beichten, selbst wenn ihnen Hölle und Seligkeit herzlich unglaubwürdig schienen. Das koste wenig und bringe doch mehr Sicherheit. Auch wenn man das Risiko ewiger Verdammnis für gering halte – vielleicht sei schließlich doch etwas dran. Religion wird so Teil des Alltags, man fegt am Samstag den Gehsteig und geht am Sonntag in die Kirche.

Wer wird Religionsgründer?

Aber für das Verständnis der religiösen Dynamik taugen die existenziellen Krisen besser. Extreme verdeutlichen die Normalität, auch an jenen Personen, die eine Bekehrung erleben und ihr Schicksal künftig in den Begriffen eines neu gewonnenen Glaubens verarbeiten. Es sind Grenzsituationsindividuen, Genies, Menschen, die tiefe Verletzungen überlebt haben und diese nun einordnen müssen.

Daher ist der traumatisierte, vom Vater missbrauchte, in elender Armut aufgewachsene Sigmund Freud ein Kämpfer gegen die Lüge geworden, die er mit der Religion verband.

Der vom Blitz der Epilepsie getroffene Saulus wurde ein Paulus, ohne den die Geschichte des Christentums vielleicht nicht geschrieben worden wäre. Schließlich gab es damals erfolgreiche Mitbewerber um die Gunst der Massen, den Mithras-Kult etwa und die Isis-Mysterien.

Was ist das, was wir ein »erschütterndes Erlebnis« nennen, das der Bekehrung vorausgeht? Es kann ein Kindheitstrauma sein, wie bei Freud, eine Verwundung, welche die bisherige Karriere beendet, wie bei Ignatius von Loyola, ein epileptischer Anfall, wie in einer naheliegenden Hypothese bei Saulus/Paulus. In anderen Fällen, etwa bei Mohammed, wissen wir zu wenig, um etwas zu vermuten.

Die Art und Weise, wie manche Menschen auf die emotionalen Stürme der Schläfenlappenepilepsie reagieren, verrät viel über diese Dynamik. Die Persönlichkeit bewältigt Erschütterungen, sie sucht sich das Geschehene zurechtzulegen, es zu deuten, Sicherheit herzustellen und um sich herum eine Sicherheitszone zu schaffen.

So lassen sich die spirituellen Phantasien verstehen, die bei etwa einem Drittel der Patienten mit Temporallappen-Epilepsie auftreten. Gäbe es ein religiöses »Zentrum« im Gehirn, dann wären die Reaktionen sicher eindeutiger (und ebenso die menschliche Religiosität). Schließlich sind alle Patienten mit einer Schädigung im Sprachzentrum behindert, verlieren alle Kranken, deren Hippocampus nicht funktioniert, die Fähigkeit, neue Erfahrung wie bisher in ihrem Gedächtnis zu speichern. Die »Temporallappenpersönlichkeit« ist charakterisiert durch

1. zwanghaftes Schreiben,
2. spirituelle Neigungen und
3. ein Bedürfnis, über die eigenen religiösen Gefühle zu sprechen sowie
4. andere von ihnen zu überzeugen.

Das Konzept ist umstritten, aber es gibt immer wieder Einzelfälle, die diese Merkmale in sehr auffälliger Form verbinden. Das heißt jedoch keineswegs, dass ein religiöses Zentrum im Gehirn aktiviert wurde. Es ist eher so, dass diese Personen die tiefe Erschütterung ihres Selbstgefühls mit den Mitteln verarbeiten, die ihnen ihr Gedächtnis und damit ihre Kultur liefern.

Sie deuten ihre Erlebnisse in den Kategorien, die für solche Grenzerfahrungen zuständig sind. Diese stammen aus den Mythen, Legenden und Glaubensvorstellungen, die sie bisher zusammengetragen haben. Wahrscheinlich liegen bei den 30–40 Prozent der Anfallskranken, die ihr Leiden durch spirituelle Erklärungen bewältigen, solche frommen Gründe latent bereit. Wo sie ganz fehlen, fehlt auch diese Form der Verarbeitung.

Ein lange vergessener Kinderglaube wird vitalisiert; die Erlebnisse werden schriftlich fixiert. Schließlich hat alles Schreiben einen sakralen Charakter. Schreiben ist Magie, ist ein Wunder, wenn wir uns das Erstaunen und Erschrecken der schriftlosen Kulturen angesichts der schriftbesitzenden ausmalen. Botschaften »für immer« festzuhalten, sie über Zeit und Raum ins Grenzenlose zu übermitteln, das sind Eigenschaften Gottes, Zeichen seiner Allmacht.

Ebenso wichtig ist aber die Tendenz des Erleuchteten, Anhänger zu schaffen. Der Betroffene wird zum Begeisterten, zum inspirierten Künder seiner Wahrheit für einige oder für alle. Er verarbeitet seine seelischen Erschütterungen, indem er seine Lehre predigt.

Energische und begabte Personen verarbeiten nach diesem gruppendynamischen Modell der Religionsentstehung ihre Verletzungen dadurch, dass sie eine Schutzschicht um sich bilden. Es ist die Gruppe ihrer Anhänger, ihrer Gläubigen, geeint durch eine gemeinsame Projektion von Grandiosität.

Anfänglich galt hier, wie bei Moses, noch die schamanistische Tradition. Die Bindung an ein »auserwähltes Volk«

erinnert an sie; der Schamane spricht immer nur für »seinen« Stamm. Die missionierenden monotheistischen Religionen haben diese Form der Grandiosität gesteigert. Ihr Credo verlangt, die ganze Welt zu überzeugen und sie dieser Offenbarung zu unterwerfen. So muss der Prophet, ob er Paulus heißt, Mohammed oder Ron Hubbard[101] niemals mehr fürchten, dem zu begegnen, was seinen Glauben wieder auflösen könnte.

Denn die von den Glaubensstiftern so felsenfest geäußerte Überzeugung, sie hätten das Rätsel des Schicksals gelöst und Gott in ihrem Leben gefunden, entspricht einer Reaktionsbildung auf das innere Erschrecken vor dem Chaos einer massiven Traumatisierung. Nicht diesem Chaos bin ich begegnet, sagt sich das erschütterte Ich, sondern höchster Klarheit, festester Ordnung, letzter Sicherheit über Gott und die Welt.

Wir verstehen jetzt vielleicht etwas besser, weshalb es so viele unterschiedliche Religionen gibt und weshalb die Prediger des Glaubens wie die des Unglaubens so viel Anstrengung darauf verwenden, andere zu überzeugen und selbst die letzte Instanz zu sein: »Es ist kein Pfäffelein so klein/es möchte nicht ein Päpstlein sein«, sagt das Sprichwort.

Erschütternde Grenzerfahrungen werden verarbeitet, indem sich die Betroffenen an eine Autorität anlehnen oder selbst zu einer werden, weil sie keine passende finden.[102] Die Opfer regredieren zunächst, sie suchen Eltern, an die sie sich anlehnen können (der verwundete Offizier liest die Heiligenlegenden). Bei den meisten Traumatisierten bleibt es bei dieser Regression; sie klammern sich verstärkt an das an, was ihnen die Gruppe an Trost und Halt bietet. Besonders Begabte bewältigen diese regressiven Neigungen durch eine Reaktionsbildung. Sie fürchten die entstehende Abhängigkeit und wehren sie durch eine energische Gegenbesetzung ab: *Statt sich »Eltern« zu unterwerfen, werden sie selbst zu solchen.*

Die Neigung des Menschen, angesichts seelischer Überforderung Zuflucht bei seinesgleichen zu suchen, ist vermutlich genetisch verankert. Zu lange hing unser Überleben davon ab, ob wir verlässliche Bindungen zu Eltern, Geschwistern und Kindern aufbauen konnten. Der Mensch erkennt den Menschen und lächelt ihn an, ohne das lernen zu müssen. Soziale Kompetenz, die Fähigkeit, sich auszutauschen, einander zu helfen, ist für das Überleben so nützlich, dass es nicht verwunderlich ist, dass es in jeder Kultur Tauschhandel und Markttreiben in irgendeiner Form gibt.

Daher ist die genetische bzw. hirnanatomische Komponente der Religion in der Unterwerfungsbereitschaft der Gläubigen zu suchen. Der Mensch lässt sich, wie es Freud in »Massenpsychologie und Ich-Analyse« dargestellt hat, leicht von seinesgleichen beeinflussen und marschiert in der Masse gegen die eigenen Interessen. Der »Führer« aktiviert ein kindliches Programm von Identifizierung und Gefolgschaft. Diese Konzepte tragen aber zum Verständnis der religiösen Kreativität des Religionsstifters wenig bei.

Der Prophet schafft aus den Mythen, Riten, den religiösen Vorstellungen, den Göttern seiner Umgebung etwas Neues. Dieses Neue wird überliefert, wenn es sich einen Markt erobert, wenn Gruppen es brauchen können. Der erfolgreiche Religionsstifter erobert einen halben Kontinent; der erfolglose stirbt als Bettler oder endet in einer psychiatrischen Klinik.

Zeitdeuter, in der Mediengesellschaft grundsätzlich voreilig, haben die zu mächtigen Events gewordenen Wallfahrten nach Mekka oder Rom als Zeichen gedeutet, dass die religiöse Bindung erstarkt. Dem gegenüber lässt sich festhalten, dass die religiöse Kreativität seit vielen Jahrhunderten abnimmt. Die wesentlichen Neuerungen der modernen Gesellschaften haben nichts mit Religion zu tun. Mohammed und Luther waren die letzten Gestalten, welche die Welt durch ihre Predigt bewegt haben; ihre Nachfolger sind nicht mehr in der religiösen Sphäre zu suchen, sondern in der wissenschaftlichen – Newton, Darwin, Marx, Einstein und Freud.

Als das Rad erfunden wurde, hat es niemand angebetet. Wissenschaft und Technik brauchen keine Verehrung. Die manchmal gehörte Behauptung, es gäbe in der Wissenschaft etwas wie eine heilige Inquisition und einen päpstlichen Bann ist eine schiefe Metapher, die Opfern religiöser Intoleranz unrecht tut.

Wissenschaftler konkurrieren wie viele Menschen um Macht und um Geld. Manche von ihnen opfern in dieser Konkurrenz die Wahrheit dem Eigennutz. Aber ihnen fehlt die maßlose, idealistische Grausamkeit der fundamentalistischen Bewegungen, zu denen wir auch Hitlers Rassismus rechnen können.

Der Fundamentalismus ist, ähnlich der Mission, ein Signal schwindender religiöser Kreativität. Wer seines Glaubens unsicher ist, muss andere von ihm überzeugen. Je bedrohlicher diese Unsicherheit ist, desto mehr werden die missionarischen Anstrengungen gesteigert. Da jede maßlose Anstrengung das Opfer der eigenen Person billigt, ist der Weg zum heiligen Selbstmord kurz.

Aber gerade die immense Überzeugungskraft von Wissenschaft und Technik ist auch deren Schwäche. Da sie in einer globalisierten Welt allen in gleichem Maß gehören, ermöglichen sie es nicht, Gruppengrenzen zu ziehen und auf diese Weise auch Gruppeninteressen zu formulieren. Was dem Indianerstamm der Schamane, ist dem modernen Konzern die Abteilung für interne Kommunikation, die das Leitbild formuliert und die Corporate Identity der Mitarbeiter entwirft.

Die Religion ist aus einer offensiven zu einer im Wesentlichen defensiven Kraft geworden. Die letzten »Propheten«, Mohammed wie Luther, schufen den neuen Glauben, indem sie einen bereits bestehenden neu interpretierten. Sicher wirkten auch Jesus und Buddha, nach Freuds Studie selbst Moses, indem sie bereits vorhandene Götter bzw. religiöse Vorstellungen erneuerten. Aber je stärker wir die Propheten als historische Persönlichkeiten fassen können, desto deutlicher wird uns auch die Grenze ihrer Originalität.

Den Streit zwischen Freud und Jung können wir jetzt auch als Streit um Gruppengrenzen verstehen. Freud wollte die Religionskritik, den Ödipuskomplex, die Libidotheorie – also das materialistische Verständnis des Menschen als Triebwesen – zu dem Merkmal machen, das die psychoanalytische Bewegung von anderen Gruppierungen unterschied. Jung widersprach ihm in allen Punkten.

Freud hielt Jung für einen Abtrünnigen, der seinen frommen Schweizer Honoratioren (und später den deutschen Nazis) nach dem Munde rede; Jung hielt Freud für einen ängstlichen Papst, der kritische Anfragen durch Dogmatismus abwehre und Jungs Weiterentwicklung der Psychoanalyse nicht wahrhaben wolle. Angesichts dieses Streits lässt sich dokumentieren, dass atheistische ebenso wie religiöse Vorstellungen dazu dienen können, Gruppengrenzen zu festigen.

Wie entwickelt sich eine Weltanschauung? Religiosität und Entwicklungspsychologie

Doch lässt der Hinweis auf diese Funktion des Religiösen unbefriedigt. Er klärt uns zu wenig darüber auf, welche Einflüsse es sind, die Freud zum Atheisten und Jung zum Gläubigen gemacht haben. Da wir uns schon mehrfach mit dem Gegensatz dieser beiden Protagonisten der Religionspsychologie beschäftigt haben, können wir sie nutzen, um die komplexe Entwicklung einer weltanschaulichen Haltung zu verdeutlichen.

Beide Männer verknüpften traumatische Kindheitserfahrungen mit einer intellektuellen Hochbegabung. Sie waren prädestiniert, nicht bequem in den herrschenden weltanschaulichen Tendenzen mitzuschwimmen, sondern diese selbst zu gestalten. Das verband sie und erleichterte ihre Freundschaft ebenso, wie es später den Bruch so bitter machte.

Freud hatte wenig Streit mit den Schülern, die sich an ihn anlehnten; aber diese langweilten ihn auch. Jung zu überzeugen, ihn zu einem wirklichen Anhänger zu machen, war ihm wertvoller; daher sein intensives Werben und seine Ohnmachtsanfälle angesichts der Beziehungskrisen. Jung hingegen saugte die Machtmöglichkeiten der Psychoanalyse auf wie ein Schwamm und probierte etwas wie eine Bekehrung Freuds zur Analysandenrolle unter Jungs Führung.

Diesen zunächst unbewussten und von beiden verleugneten Bemächtigungsversuch auf der gemeinsamen Schiffsreise nach den USA sah Jung später als den Zeitpunkt des »Bruchs«. Er deutete das Scheitern seines Bekehrungsversuchs als Verweigerung einer gleichberechtigten Beziehung. Jungs spätere Invektiven gegen die »jüdische« Psychoanalyse Freuds und seine Behauptung, diese gelte, genau genommen, nur für Freud persönlich, entspringen dieser frühen Kränkung. Sie zeigen zugleich, wie wenig die neu entdeckte Tiefendimension der Psyche ihre Erforscher befähigte, auch dort Einsicht zu entwickeln, wo diese ihre Interessen verletzt hätte.

Während Freud als Kind erlebt hatte, dass ihre Frömmigkeit Vater und Mutter weder vor Erniedrigung noch vor Armut schützte, verdankte Jungs Vater seiner Arbeit als Gemeindepfarrer Lohn und Ansehen. So war es für Freud leichter, sich eine Zukunft im Unglauben vorzustellen als für Jung.

Freud war auf den Gott seiner Väter nicht sonderlich stolz, aber doch so loyal zu seinen Eltern, dass er Jude blieb, auch wenn er nicht an Gott glaubte. Im Judentum ist nicht der Glaube, sondern das Ritual moralisch besetzt. Daher ist im Judentum eine solche Haltung eher möglich als im Christentum mit seinen zähen Traditionen, Märtyrer zu preisen, Ungläubige zu bekehren und Ketzer zu verbrennen.

Jung hatte als Kind einen charakteristischen Traum, der sozusagen seine Karriere als Religionsstifter voraussagt: Er sah über einer Kirche den Thron Gottes, gestaltet wie ein Leibstuhl. Gott ließ ein riesiges Exkrement fallen, das die Kirche zerschmetterte. Diese Szene ist nicht nur drastisch und komisch, sie drückt nicht nur Jungs ödipale Aggression gegen den Vater aus, sondern auch die eigene Identifizierung mit diesem thronenden Gott.

Zuerst passte Freud zu dieser Phantasie Jungs: War Freud nicht selbst dieser Gott, der mit seiner überall als mächtig und »schmutzig« bekämpften Sexualtheorie die Kirche zerschlug? Aber in diesem Oben-Unten-Bild steckte bereits der Rollentausch. Die Geschichte der Beziehung zwischen Freud und Jung endete damit, dass Jung sich über Freud stellte und seiner Verachtung von dessen kleinlicher Sicht auf Jungs »Wandlungen und Symbole der Libido« freien Lauf ließ.

Würden wir diese Entwicklung besser verstehen, wenn wir unterstellen, dass Freud ein extrem ausgeprägtes Stirnhirn hatte (hochmoralisch, sehr reflektiert, voller Widerwillen gegen alles, was ihn ergreifen wollte, ohne ihm zu sagen, womit und wovon), Jung aber ein dominantes limbisches System (ein Visionär, der prophetische Träume hat und sexuelle Bedürfnisse mystisch rationalisiert)? Es klingt eindrucksvoll, sagt aber nichts Neues, wiederholt es nur in einer pseudowissenschaftlichen Allegorie.

Die menschliche Religiosität ist eng mit der Kulturentwicklung verknüpft und tritt uns in vielen Gestalten entgegen. Sie ist in der Konsumgesellschaft zu einer Art Supermarkt geworden, aus dessen Regalen sich Kritiker und

Zweifler, Gläubige und Fanatiker bedienen können. Da gibt es lange Reihen hochwissenschaftlicher Theologie, entmythologisiert bis zur Abstraktion, neben den massenhaft konservierten und billigen Planetengöttern; Seelenwanderung ist zu haben und Spiritismus, der Schamane bietet seinen Kurs an und wird von seinem Konkurrenten, dem spirituellen Therapeuten christlicher Schule, gefährlicher Nähe zum Satan verdächtigt.

So ist es kein Wunder, dass unter Psychotherapeuten der Kampf zwischen Freud und Jung nach wie vor ausgetragen wird. Bei den Religionskritikern finden wir nach wie vor die Argumente des geistigen Kindsmissbrauchs, der Verdummung, der Indoktrination mit grausamen Vorbildern (Kreuzigung, Märtyrer).[103] Dagegen stehen die Argumente für eine »reife« Religiosität, die dem Menschen jenseits der Lebensmitte Halt gibt[104] und schon dem Kind ermöglicht, durch die Begegnung mit einem transzendentalen »Vierten« die Suche nach dem »Dritten« während der ödipalen Phase, die »Triangulierung«, besser zu bewältigen.[105]

Wilfried Ruff verknüpft diesen Gedanken mit einer an Melanie Klein und Donald Winnicott orientierten Entwicklungspsychologie, in der die Gottesvorstellung neben das »Übergangsobjekt«[106] tritt und dessen Dynamik weiterführt. Bereits angesichts des leidenschaftlich als Abwehrzauber gegen Verlassenheitsgefühle geliebten Teddybären sei die Frage unsinnig: »Hast du dir das ausgedacht oder ist es von außen an dich herangebracht worden?« Zum reifen Glauben gehöre es, dass der Glaubende von Hilflosigkeit bis zur Gottesverlassenheit überwältigt werden kann, weil er den Zweifel zulässt: Ohne Zweifel keine Reife – mit Zweifel keine Sicherheit.

Daher ist der Gläubige auch immer gefährdet, erneut Halt in magischen Praktiken zu suchen oder eine ideale Welt zu ersehnen. Ruff stellt fest, dass der religiöse Glaube neben der »reifen« gläubigen Hoffnung meist auch magische, irrationale und fanatische Elemente enthält, die in Katastrophensituationen den personalen Bezug überwuchern. Er beschreibt ihn als Entwicklungsleistung, die auf einem angeborenen Potenzial gründet, das durch hinreichend gute und kontinuierliche Erfahrungen aktiviert werde. Wenn der Glaube nicht durch wiederkehrende Zweifel geläutert werde, sei er ein unreifer Versuch der Abwehr von Emotionen, der eine falsche Sicherheit vortäusche. »Eine derartige (Fehl-)Form von Glauben scheint Freud vor Augen gehabt zu haben, als er insbesondere die Praxis von Religionen kritisierte.«[107]

Es gibt so wenig eine Religion wie eine politische oder wissenschaftliche Theorie, die sich selbst vor Missbrauch schützen kann. Mitteleuropäer, die sich – vom Christentum enttäuscht – dem Buddhismus zuwenden und dessen Gewaltverzicht und Lebensbejahung preisen, idealisieren das Fremde und entwerten das Eigene. Es gibt hierzulande eine penible »Kriminalgeschichte des Christentums«[108] im Buchhandel, aber eine »Kriminalgeschichte des Buddhismus« fehlt, obwohl ein engagierter Autor gewiss genügend historische Berichte für sie fände. Denn auch im frommen Tibet dienten erleuchtete Mönche durchaus dazu, Gruppengrenzen zu definieren, »Kreuzzüge« mit dem Beiwerk von Unterdrückung, Raub und Mord zu rechtfertigen.

In Franz Buggles Buch belegt das im Titel verwendete »redlich« (»Denn sie wissen nicht, was sie glauben. Oder warum man redlicherweise nicht mehr Christ sein kann«), wie angesichts unserer ambivalenten Beziehung zur Religion die Sehnsucht gedeiht, ein Adjektiv zu finden, das diese Ambivalenz klärt. »Redlich« gibt vor, es sei der Mensch auffindbar, der unangefochten von Ängsten und Wünschen, von Größenphantasie und Scham der Vernunft gehorcht und genau die Wahrheit liebt, die auch der solche Adjektive verleihende Mensch zu besitzen glaubt. So ist Theologie unredlich, Religionswissenschaft aber redlich; ist das Christentum unredlich, während – paradox genug – es anscheinend doch redliche Christen gibt:

»Es verhält sich eben im wesentlichen nicht so, wie es eine heute fast selbstverständlich akzeptierte generelle Prämisse aller Kirchenkritik darstellt: Die ursprüngliche Verfassung, die Basis (Jesus, Bibel usw.) ist gut, nur die fehlerhaften schwachen bis böswilligen kirchlichen Funktionsträger – Papst, Bischöfe, ›Amtskirchen‹ usw. – haben sie verfälscht, pervertiert.«[109]

Diesem Mythos der reinen Ursprünge, den Dostojewski in seiner Erzählung vom Großinquisitor so melancholisch erfasst hat[110], setzt Buggle eine These entgegen, die den modernen »Gotteskomplex«[111] auf die Spitze treibt: Viele Hirten sind besser als ihr Gott. Sie bemühten sich,

»... aus einer redlicherweise eigentlich längst unhaltbar gewordenen religiösen Glaubensbasis unter ungeheuren Selbstverleugnungen, Konflikten und inneren Verbiegungen – je intelligenter, konsequenzfähiger, redlicher sie sind, um so mehr – doch noch eine einigermaßen akzeptierbare und hilfreiche Veranstaltung zu machen.« Er selbst »kenne eine große Zahl von Pfarrern und überzeugten Christen, deren ethisches Niveau das des biblischen Gottes bei weitem übertrifft (und es stünde besser um diese Welt und das Schicksal der Menschen, wenn diese über göttliche Allmacht verfügten)«.[112]

Angesichts der Übervölkerung und der Bedrohung durch Aids sind alle ineffektiven Regelungen der menschlichen Sexualität eine Gefahr für das Überleben der Menschheit. Die katholische Kirche und verwandte Organisationen sind hier Wortführer ebenso veralteter wie destruktiver Disziplinierungsversuche. Aber das Christentum ist, wie alle großen Religionsgemeinschaften, zu komplex für eine einfache Logik oder eine einfache Moral.

11. Der Glaube an einen einzigen Gott

Magie, Fetischverehrung, Animismus und Polytheismus sind konkrete, sinnliche, an bestimmte Orte, Jahreszeiten, Völker und Stimmungen gebundene Religionen. Herodot beschreibt, wie die Griechen an allen Stränden, an denen sie landeten, ihre eigenen Götter wiederfanden. Die Römer hatten sogar einen eigenen Ritus, elicio genannt, mit dessen Hilfe sie bei der Belagerung einer feindlichen Stadt die Götter der dortigen Tempel in die eigenen Reihen locken wollten. Es war noch nicht Sitte, die eigenen Götter für die richtigen zu halten und die der Feinde für Teufel.

Der Eingottglaube ist ein immenser Schritt zu einer geistigen Abstraktion, zu einer Zusammenfassung von Macht im Himmel ebenso wie auf Erden. Er führt häufig in missionarische Aktivität. Er liefert das Modell dafür, nicht unterschiedliche Göttinnen und Götter nebeneinander anzuerkennen, sondern einen einzigen zu schaffen, dem alles Licht und alle Macht gehören.

So fühlen sich seine Gläubigen aufgerufen, die Welt zu erleuchten und sich ihrer mit einer Rücksichtslosigkeit zu bemächtigen, die monotheistische Religionen in der Konkurrenz der Glaubenssysteme so viel erfolgreicher gemacht hat als ihre polytheistischen Vorläufer. Als die Erde enger wurde und der Streit der verstreuten Pflanzer, Hirten und Bauern um das fruchtbare Land an den Flussläufen heftiger, da setzten sich jene durch, die sich um Propheten scharten, die den Monotheismus erfunden hatten.

Sowohl das Christentum wie der Islam haben zahlreiche Völker ihren ursprünglichen Göttern entfremdet und sind auch heute noch damit beschäftigt. Zu missionieren ist eine historisch neue Form der Eroberung, die besondere Kräfte im Zusammenhalten des Eroberten entfaltet.

Freud hat in »Massenpsychologie und Ich-Analyse« beschrieben, wie der idealisierte Führer für die Massen seelisch dieselbe Rolle spielt wie der Hypnotiseur gegenüber dem Medium oder der Verliebte gegenüber dem Gegenstand seiner Empfindungen. Vielleicht liegt hier ein zentraler Punkt für den sozialen Erfolg des Monotheismus. Er bereitet ein Volk darauf vor, einen einzigen Führer zu idealisieren und ihm zu folgen. Nach den Beobachtungen der Ethnografen ist Führerschaft in Primitivkulturen so wenig entwickelt, dass an vielen Orten die Kolonisatoren erst Häuptlinge einsetzten oder definierten, um einen Ansprechpartner für ihre Verhandlungen zu haben.

Bei den Jägervölkern werden gute Jäger als Anführer auf einem Jagdzug akzeptiert – gute Kämpfer, wenn es darum geht, ein Dorf zu überfallen. Aber jeder Kämpfer hat jederzeit das Recht, aus einem Feldzug, der ihm nicht mehr gefällt, auszusteigen und etwas zu tun, das ihm mehr Freude macht. Der Anführer hat keine Macht, ihn dafür zu bestrafen.

Sammeln und Jagen hat mehr als 99 Prozent unserer menschlichen Entwicklung beherrscht. Wir haben immer so gelebt, dass wir hinauszogen aus dem ganz Vertrauten in das weniger Vertraute bis in ein Übergangsfeld zum gänzlich Fremden. Auf diesem Weg erbeuteten und sammelten wir, was es gab, und kehrten zurück in das Zentrum des Vertrauten, zu den Menschen der eigenen Gruppe.

Wenn es in dieser Gruppe Konflikte gab, gingen wir zu einer anderen Gruppe, die uns etwas weniger vertraut war. Wenn sich zu viel Müll an unserem Lagerplatz angesammelt hatte, verließen wir ihn und schlugen an einem anderen Ort ein neues Lager auf, ebenso, wenn die Gegend um das Lager weniger essbare Pflanzen und Tiere bot als eine andere.

Seit ich in den siebziger Jahren begann, die kulturelle Evolution menschlicher Aggressivität zu erforschen, hat mich die Frage beschäftigt, ob es einen Zusammenhang zwischen Monotheismus und aggressiven Haltungen einer Kultur gibt. Ich habe damals die Frage vorsichtig bejaht.[113]

Zu den Aufgaben der Kränkungsverarbeitung gehört nicht nur die Toleranz gegenüber jenen, die einen anderen Fanatismus haben als wir selbst, sondern auch die Toleranz angesichts eines geringeren (oder stärkeren) Fanatismus als des eigenen. Den ersten Schritt zum Unbewusstwerden dieses Fanatismus tut jener, der selbstgewiss behauptet, gegen derlei Haltungen gefeit zu sein. Erinnern wir uns an Freud und Jung: Jeder dieser großen Psychologen hätte von sich behauptet, den größten denkbaren Abstand zu einer fanatischen Position zu besitzen.[114] Aber wie jeder Mensch, der von sich selbst glaubt, tolerant zu sein, hatten auch diese beiden in ihrer Auseinandersetzung eine Grenze erreicht, an der sich jene Starrheit bemerkbar machte, die eine überlastete Kränkungsverarbeitung verrät.

So können wir nie wissen, wann der fromme Wunsch, andere an eigener Erlösung teilhaben zu lassen, sich in den Entschluss umformt, sie zu verbrennen, wenn sie sich weigern. Es wird immer behauptet, dass der Übergang von Glauben und Unglauben fest ist – hier der Fromme, dort der Ketzer. Aber der Fromme vergisst doch ebenso seinen Glauben gelegentlich wie der Ungläubige seinen Atheismus. Dann sagt er vielleicht: »Gott sei Dank bin ich Freidenker.«

Warum soll die Religion nicht wie alle anderen Erlebnisse in ihrer Bedeutung für das Ich schwanken, es bald beherrschen, bald zurücktreten, ja verschwinden? Erhabene Ideale, die nie lockerlassen, bekommen den wenigsten Menschen. In Thailand ist ein Tourist verhaftet worden, weil er einen zu Boden gefallenen Geldschein, den ein Luftzug wegzuwehen drohte, durch einen energischen Fusstritt festhielt. Er hatte das Bild der Königin entehrt.

Wir neigen dazu, in Gegensätzen zu denken – Glaube und Unglaube, Markt und Ideologie, Vernunft und Fanatismus.

Wir können das nicht anders. Jedes Bemühen um Selbstreflexion führt in einen Zyklus, in die potenzielle Unendlichkeit der Selbstaufhebung. Insofern haben Religionen, die uns auffordern, das Glaubensbekenntnis täglich zu erneuern, den Menschen gut begriffen.

Angst ist ein qualvolles Gefühl. Wir sehnen uns danach, von ihr erlöst zu werden. Ihre erste und mächtigste Quelle ist der Verlust des Zugriffs auf etwas, das stärker ist und uns beschützt. Dieses Etwas ist in der prägenden Frühzeit unseres Erlebens mit starken Armen und warmer, nährender Brust ausgerüstet. Es steht zwischen uns und der Angst, solange es kommt und uns hält.

Am Leib der Mutter genügt eine kleine Äußerung des Unbehagens. Schon ahnt sie, was wir brauchen. Wir brauchen keine Religion, keinen Gott, wir haben alles in ihr. Sind wir getrennt, kann es sein, dass uns niemand schützt, uns die Welt erklärt, sie in ihre guten, nährenden und bösen, giftigen Teile gliedert und uns darin orientiert.

Dann wächst die Angst, steigert sich zur Panik, wird unerträglich. Die Seele schreit nach der Göttin, die jetzt, seit wir zu groß geworden sind für den Trost der Mutterbrust und nach anderen Dingen gierig, den mütterlichen Trost spendet, die Welt aufteilt in gut-nährend, böse-giftig.

In den Analysen der Gründe, welche die indigenen Völker dazu brachten, ihre eigenen religiösen Überzeugungen aufzugeben, wird die Technik selten erwähnt. Aber das heißt nicht, dass ihre Bedeutung gering ist, im Gegenteil: Es sagt eher, dass jeder Missionar lieber an die Macht seiner Argumente, seiner Offenbarungen glaubt als an die Macht der Dinge, die er mitgebracht hat.

Während der Polytheismus vielfältig ist, unterschiedliche Mythen, Attribute der Göttinnen, der Götter, verschiedene Rituale und lokale Bindungen ihm selbstverständlich sind, gibt es im Monotheismus von alters her die Vorstellung der reinen Lehre.

12. Im Banne des Propheten

Der monotheistische Gott ist, wie es die Bibel sagt, ein eifersüchtiger Gott, er duldet die Verehrung keines anderen Gottes. Daher ist er auch so gut geeignet, Gruppen unter seiner Verehrung zu einigen und sie zu großen Gemeinschaftsleistungen, zu heiligen Kriegen zu bewegen, die wir aus den Zeiten vor dem Monotheismus nicht kennen.

Wenn er unerreichbar groß und unermesslich fern ist, wenn unser Menschenverstand nicht ausreicht, ihn zu verstehen, dann hätten wir kein Wissen und keinen Zugang zu diesem Gott. Wir brauchen seine Boten, seine Mittler. Im Monotheismus werden aus Schamanen Propheten und Evangelisten, Verfasser heiliger Texte, Künder von Offenbarungen.

Jeder Prophet beansprucht die Wahrheit für sich und gibt sie nur widerwillig an Nebenbuhler oder Nachfolger. Was er duldet, sind Vorläufer, deren Lehren er zitiert, wenn es ihm zupass kommt, da sie seine Botschaften mit ehrwürdiger Tradition untermauern.

Die seelische Dynamik des Propheten wird von ihm durch den Gott, der aus ihm spricht, der psychologischen Analyse entzogen. Aber es scheint möglich, diesen Schleier zu durchdringen; Freud hat das mit Moses sehr energisch versucht.

Ich will ihm nicht nacheifern, sondern einen gruppendynamischen Weg einschlagen und die Haltung der Gläubigen zum Gegenstand psychologischer Überlegungen machen. Sie haben eine eigentümliche Beziehung zum Propheten. Sie scheint umso intensiver, je abstrakter sein Gott beschrieben wird und je ferner er ihn uns rückt.

In diesen Fällen wird der Prophet selbst verehrt, ja angebetet. Es gibt Reliquien von ihm und Rituale, die den Propheten feiern und ihn in einen Rang erheben, von dem sich die Priester von Zeus oder Artemis nichts träumen lassen.

Im Monotheismus werden die Lokalgötter entmachtet, die Fruchtbarkeitsdämonen, die in heiligen Hainen, in Höhlen und Gewässern, im Gewitterhimmel oder in den Weiten der See verehrt wurden. Sie verlieren ihren Rang und ihre Bilder. Aber die Sehnsucht der Gläubigen nach etwas Konkretem im Abstrakten wurzelt tief. Daher gibt es auch dort, wo es sie nach dem Koran vielleicht nicht geben dürfte, Gräber heiliger Männer, die geschmückt und verehrt werden. Prozessionen brechen auf zu ihnen, Gläubige beten an Sarkophagen, Frauen knoten bunte Bänder in die Schattenbäume der Grabstätte, um ihr Anliegen magisch mit dem Orts-»gott« zu verknüpfen.

Zu den monotheistischen Religionen gehört die periodische Abkehr von diesen Rückfällen in sinnlichen Glauben, in Göttliches zum Anfassen. Das älteste Beispiel ist der phallische Stier der Israeliten, sprichwörtlich im Tanz um das goldene Kalb. Im Christentum gab es mehrere solcher Reformbewegungen. Die zerschmetterten und verstümmelten Bildwerke an alten Domen künden davon. In Ostrom war die Bewegung der Ikonoklasten eine regelrechte Revolution. Die Reformation griff solche Tendenzen auf.

Auch im Islam gibt es solche Bewegungen der Entsinnlichung und reinigenden Reform. So gehörte es im 17. Jahrhundert auf der Arabischen Halbinsel zum guten Ton, bei verstorbenen Heiligen um Fürsprache zu bitten, wie wir das in den Traditionen der christlichen Wallfahrt kennen.

Gegen diese Praktiken richtete sich eine Reform, die mit Mohammed Ibn Abd al-Wahab verbunden ist. Wahab brachte im Jahr 1746 den Beduinenstamm der Saud dazu, einen heiligen Krieg im Geist seiner Lehre zu beginnen. In diesem wurde der Siegeszug des Propheten neu inszeniert und das heutige Saudi-Arabien geschaffen. In dieser »reinen« Form des Islams muss die Scharia gelten, es gibt keine Heiligen, Frauen müssen verschleiert bleiben und Dieben wird die Hand amputiert.

Die sinnlichen Trübungen der reinen Lehre scheinen die Menschen bequem zu machen, unlustig zu missionieren und zu erobern. Die Reform zur Reinheit hingegen, die den Einzelnen viele Versagungen auferlegt, stimuliert die Aggression nach außen und den Eroberungskrieg.

Die Verbindung von Kapital aus Saudi-Arabien und den USA mit wahabitischer Missionierung war es, die in Afghanistan jene Truppe von Glaubenskämpfern hervorbrachte, deren Erbe die Taliban und die Attentäter von Al Quaida antraten.

Alle monotheistischen Religionen sind von Männern dominiert. Das hängt vielleicht mit einem zentralen Motiv der Bibel zusammen: der polemischen Abgrenzung gegenüber den Fruchtbarkeitskulten, die es an allen Küsten des Mittelmeers gab, der Verehrung von Kybele, Attis, Artemis, Isis in Kleinasien, Palästina und Ägypten. Robert Graves und Raphael Patai haben dokumentiert, an wie vielen Bibelstellen sich Spuren dieser alten Religion auffinden lassen, gegen die Moses und die Propheten kämpfen.[115]

Zu den mosaischen Gebeten gehört der Dank an den Herrn, nicht als Frau geboren worden zu sein. Im Christentum hat sich die Entwertung der Frau in dem Verbot geweihter Priesterinnen niedergeschlagen, im Islam wurde sie durch Bräuche ergänzt, die zu einer nomadischen Kultur passen und die Töchter zu einem sorgfältig gehüteten Besitz der Väter machen.

In der Rhetorik und in der rituellen Praxis aller monotheistischen Traditionen sind Frauen eher das entwertete Geschlecht, nicht das idealisierte. Überall wurde die Emanzipation der Frauen eher gegen solche Strukturen erkämpft als von ihnen gefördert.

Gleiche Entwicklungsmöglichkeiten für beide Geschlechter zu schaffen, ist ein ehrgeiziges und unvollendetes Projekt der Moderne, zu dem sich inzwischen einige christliche, jüdische, aber auch islamische Richtungen bekennen, alle gegen hartnäckige und keineswegs überwundene Widerstände.

Dieses Projekt setzt enorme Kräfte bei beiden Geschlechtern frei. Es formt die sexuelle Bindung zwischen Mann und Frau zu einer Macht, die beide verändern kann, ohne diesen Prozess von vornherein durch eine Machtdifferenz zu knebeln. Sooft auch Liebende scheitern, weil sie ihre Kraft überschätzt haben, sich eine auf ihre spezifischen Bedürfnisse zugeschnittene Familie zu bauen, so faszinierend bleibt dieses Projekt.

Ein männliches Vorrecht auf Kosten einer Partnerin schadet beiden Beteiligten. Wie soll ich mich entwickeln, wenn ich nicht herausgefordert werde von dem Menschen, der mir am nächsten ist, der Mutter unserer Kinder? Regressionen in die Unterdrückung der Frau haben verhängnisvolle Rückkopplungen. Wer unterdrückt, weckt Aggressionen und/oder erzwingt Gefühlsverleugnung. Das führt dazu, dass Beziehungen verarmen. Die Möglichkeiten schwinden, in der Familie das Selbstgefühl zu festigen. Die Unterdrücker müssen daher die Unterdrückten noch eifriger überwachen und kontrollieren.

Heute ist keine Kultur mehr in derselben Weise autark wie einst traditionelle Gesellschaften. Vor der Epoche der Massenmedien waren Familie, Sippe, Dorfgemeinschaft ein fester Rahmen. Es gab nur diese Menschen, diese Regeln, diese Göttinnen und Götter, von anderen wusste niemand. Heute müssen die eigenen Lebensformen als Entwurf zwischen vielen anderen Entwürfen bestehen. Wir können die Galaxien außerhalb unserer Milchstraße nicht mehr wegdenken, weil unser Prophet noch nichts von ihnen wusste. Wird das dennoch gepredigt, dann kündet der Prophet nicht mehr in die Zukunft hinein, sondern wird zitiert, um vor ihr zu schützen; er hilft nicht, die Welt zu erklären und sie zu erobern, sondern macht sie undurchschaubar.

13. Warum Religionen sich abnutzen

Freud hat während einer seiner Umbaumaßnahmen an der psychoanalytischen Theorie gesagt, dass unsere psychologischen Begriffe einer Art Verschleiß unterliegen. Wir müssen sie periodisch erneuern, um unseren Beobachtungen gerecht zu werden. Das ist ein interessanter Gedanke, der die Nähe der Psychologie zur Kunst bezeugt. Hier kennen wir den Verschleiß des Vertrauten, die Sehnsucht nach dem Neuen schon länger.

Manche dieser Erscheinungen hängen mit dem Wechsel der Generationen zusammen. Kinder wollen so werden wie die Eltern, die sie in einer harmonischen Familie als mächtig und gut erleben. Jugendliche hingegen wollen ganz anders werden als die Eltern. Dieser Prozess hat einen biologischen Hintergrund. Kinder brauchen den Schutz der Eltern; Jugendliche werden zu deren Konkurrenten um Sexualpartner, Beute oder Territorium. Daher vertreiben bei vielen gruppenlebenden Säugetieren die Eltern herangewachsene Sprösslinge aus ihrer Nähe.

In der kulturellen Evolution hat sich nur die Funktion bewahrt; die Instinktsicherheit ist verloren gegangen. Familientherapeuten haben viel damit zu tun, die Konflikte zu mildern, die durch Widersprüche zwischen Versorgungs- und Autonomiewünschen Jugendlicher entstehen. Der neurotische Hintergrund vieler Depressionen beruht auf einem ähnlichen Widerspruch zwischen Autonomie- und Abhängigkeitsbedürfnissen.

Unleugbar müssen sich solche Konflikte verschärfen, wenn die kulturelle Evolution dazu geführt hat, dass Symbole nicht mehr allein im menschlichen Gedächtnis gespeichert werden. Die ersten Symbolspeicher waren die Werkzeuge und seit der Jungsteinzeit auch die Bildwerke der schriftlosen Kulturen. Von nun an gab es etwas Drittes, und wir können uns vorstellen, dass die Großeltern dem Enkel die Graffiti auf den Höhlenwänden nicht viel anders erklärt haben als der Pfarrer den Gläubigen die Gemälde an den Kirchenmauern. Dieser Pfarrer gehört in eine Übergangszeit. Er kann lesen, er hat die Heilige Schrift studiert. Die Mehrzahl seiner Gläubigen ist auf die mündliche Erklärung der Bilderstreifen ihrer Heilsgeschichte in Fresko oder Mosaik angewiesen.

Psychologisch gesehen ist Religion vor allem auch erweiterte Identifizierung. Jeder Glaube bietet mehr als die unmittelbaren Möglichkeiten, sich mit Eltern, Geschwistern, Verwandten, Nachbarn zu identifizieren. Der Mensch lernt durch Identifizierungen am besten, er hungert nach ihnen, er speichert sie, solange er lebt. Voodoo-Gläubige, die sich in Trance in gütige Ahnengeister, Kriegs- und Donnergötter oder verführerische Nixen verwandeln, stehen für dieses Urbild seelischer Grenzüberschreitung so gut wie Leser, die im Helden ihres Buches aufgehen.

Jede Religion scheint zwischen den Polen der Identifizierung und der Idealisierung zu schwingen. In der Identifizierung nähern wir uns dem Gott, verschmelzen mit ihm, nivellieren den Unterschied zwischen ihm und dem eigenen Ich.

In der Idealisierung wird Gott der ganz Andere, der weit entfernt und erhaben ist, dessen strenge Ordnung wir am besten in stummer Andacht, abgemessenen Schritts, vielleicht begleitet von keuscher Saitenmusik oder diszipliniert-vielstimmigem Gesang feiern. Und häufig sehnen wir uns, wenn der eine Ausschlag des Pendels zu stark wird, nach dem anderen.

In der von Wissenschaftlern vorgetragenen Religionskritik urteilen fast immer Schriftgelehrte über andere Schriftgelehrte. Die Anmaßung der Theologen induziert eine Anmaßung der Kritiker. Wer schon öfter gefischt oder gejagt hat, der weiß, wo er die Beute treffen muss, um sie zu erlegen. Er könnte, wie der Maler einer Schützenscheibe, genau aufzeichnen, wo ein Blattschuss sitzen soll. Wer aber die Religion treffen will, dem nützt es wenig, wenn er in ein Phantasiebild einen Zielpunkt zeichnet und behauptet, er habe sie tatsächlich zur Strecke gebracht.

»Gott ist tot!« »Die Zukunft einer Illusion!« »Die einzige Entschuldigung Gottes: dass es ihn nicht gibt!« Totgesagte leben länger. Was öfter als einmal getötet werden muss, ist besonders zählebig. Tödlich treffen wir immer nur die eigene Phantasie von Gott. Die Phantasien anderer entziehen sich uns ebenso wie eine Antwort auf die Frage, ob es Gott »wirklich« gibt.

Wir leben in einer Welt, in der etwas wie Gott allein schon deshalb mächtig und wichtig ist, weil viele Menschen an ihn glauben, an ihn geglaubt haben, an ihn glauben werden – wobei »ihn« eine Einseitigkeit herstellt, die in unserem Sprachfluss vorkonstruiert ist und nur mit merklicher Anstrengung durch »sie« oder »es« ersetzt werden kann.

»Sie« wären dann die vielen Götter, die Ahnen- und Naturgeister. Sie wäre aber auch die eine Göttin, die so wahrscheinlich ist wie der eine Gott. »Es« schließlich wäre das Groddeck'sche Unbewusste, ebenfalls allmächtig und ungreifbar, die Vorsehung, das Daimonion.

Das historische Pendeln zwischen dionysischen und apollinischen Szenen im Glauben könnte sich auch im Unglauben spiegeln. Auch dieser kann emotional sein, wütend, wie in der Legende vom gottesfürchtigen Bauern, der angesichts seiner Niederlage im Kampf gegen den verhassten Adel den Herrgott am Kreuz zerbricht. Oder aber kalt und genau, wie in Freuds Rede vom neurotischen Vaterkomplex, den die frommen Juden so gut ausleben wie die frommen Christen.

Die hier mit den Begriffen der Identifizierung mit dem Gott und der Idealisierung (des fernen und erhabenen) Gottes beschriebene Dialektik ist nicht originell. Nietzsche hat sie mit den Begriffen des »Dionysischen« und des »Apollinischen« vorweggenommen; Rüdiger Safranski meint Ähnliches mit seiner Unterscheidung zwischen »heißem« und »kaltem« Glauben.[116]

Den »Verschleiß« der (religiösen) Begriffe, den Freud erwähnt, verstehen wir als Folge der zwangsläufigen Einseitigkeit dieser Positionen. Wenn wir Kontrolle und Rationalität akzentuieren, wird uns die Welt zu kalt, zu wenig spontan; wir wünschen uns dann das Dionysische, weil wir des Besitzes der rationalen Stabilität sicher sind. Wenn wir aber zu tief in eine heiße Religion eintauchen, fürchten wir, in ihr zu verbrennen, allen Halt in Rausch und Trance zu verlieren. Dann sorgen wir dafür, dass Apoll wieder mehr Macht gewinnt.

Diese Dialektik lässt sich auch in der Psychotherapie beobachten. Freud hat im Streit mit C. G. Jung die apollinische Position eingenommen und auch Sandor Ferenczi kritisiert, als dieser die »kalte« Analyse durch mehr Entgegenkommen und Zärtlichkeit erwärmen wollte. Umgekehrt hat Jung Freuds »semitische« Flachheit gegen die »arische« Tiefe gesetzt. Später wurde aber auch Freud für manche »heißen« Vermischungen getadelt, etwa die Analyse seiner Tochter Anna.

In dieser Dialektik enthalten (religiöse) Extreme die Sehnsucht nach ihrem Gegenteil in sich, wie die chinesischen Symbole von Yin und Yang. Eine schöne Illustration hat Hermann Hesse in der Geschichte von den zwei Beichtvätern im Anhang des »Glasperlenspiels« aufgeschrieben.

Hesse stellt dort den leidenschaftlichen Bußprediger einem stillen Eremiten gegenüber, der den Sündern nur zuhört und sie dann mit einer liebevollen Geste entlässt. Schließlich aber werden beide unsicher an ihrer Methode. Sie machen sich zu dem jeweils anderen auf den Weg, um ihm ihre Zweifel zu beichten.

14. Die Ambivalenz der Schrift

Einige hunderttausend Jahre lebt auf diesem Planeten ein Primat, der grammatikalische Regeln für seine Signale kennt. Damit haben sich die kläglichen Signalsysteme der höheren Tiere in einen Symbolbaukasten verwandelt, aus dem sich die verschiedensten Gebäude errichten lassen. Diese treten nun wiederum in einen neuen Wettbewerb: Die Epoche der kulturellen Evolution setzt ein, in der nicht genetische, sondern semantische Neuerungen überleben und sich ausbreiten.

Seit es die Sprache gibt, existieren auch Mythen, Totemahnen, heilige Tiere, verwandlungsmächtige Pflanzen. Die Sonne spricht mit dem Mond und den Gestirnen, sie alle erzählten den Menschenkindern ihre Geschichten. Aber erst seit Überlieferungen aufgeschrieben wurden, beginnt der Triumphzug des Logos über den Mythos.

Eine erste Folge der Schrift ist der Monotheismus. Wo es klare Strukturen geben soll, da können die vielfältigen Göttinnen und Götter nicht herrschen, werden Tier und Pflanze, Stein und Fluss profan und schließlich Gegenstand von Ausbeutung. Der Mensch unterwirft sie seiner Vernunft, wie er sich selbst einem vernünftig durchdachten Gottesbild unterwirft.

Theologen, an ihre heiligen Bücher genagelt wie der Gekreuzigte, verharren in erschöpfend-schmerzhafter Unbeweglichkeit und gründen so eine Zivilisation, deren rastloser Fortschritt die Fundamente ihres Glaubens verschleißt. Kein Wunder, dass die Lehre vom Weltuntergang ihr Denken bestimmt: Er würde auch sie erlösen.

Seit die vielen Götter und Fetische dem einen Gott gewichen sind, gibt es den Widersacher, den Teufel. Er nimmt, wenn er den blutgeschriebenen Pakt schließt, die Gestalt der alten Vegetationsgötter an, ist bocksfüßig wie Pan, schlangenhaft wie die Göttin Kretas. Die Schrift begleitet und festigt den Siegeszug des Apollinischen und weckt durch ihn – je weiter er fortschreitet – die Sehnsucht nach Dionysos.

Vergeblich hat die tief im heidnischen Geist der römischen Kaiserkulte verwurzelte Kirche der Päpste versucht, das heilige Buch in einer ausgestorbenen Sprache zu halten, nur den Gebildeten zugänglich, während das Volk den blutig gemarterten Adonis und seine göttliche Mutter-Geliebte Kybele weiterhin anbeten durfte und die örtlichen Heiligen Attribute der alten Götter übernahmen.

Das Christentum ist aus einer Rebellion gegen die »Schriftgelehrten und Pharisäer« entstanden. Diese jedoch haben später wieder die Macht übernommen. Der Geist belebt, der Buchstabe tötet – der Geist verweht, der Buchstabe bleibt. Der lebendige Geist kann sich weit über den Buchstaben erheben. Aber er kann auch weit unter ihn sinken, uns zurückblasen in die Barbarei; daher dürfen wir auf den Schutz der Schrift nicht verzichten.

Die frühen Bedürfnisse nach Schrift entstanden auf einem Boden, wo die Erde zum Paradies wird, wenn nur genügend Wasser die keimende Saat und die Wurzeln der Fruchtbäume netzt. Wer die Kanäle kontrolliert, bestimmt auch, wo Wüste ist und wo ein Garten. Während aber das Land durch Grenzsteine und Zäune bemessen werden kann, braucht das flüssige Element eine Möglichkeit, Orte, Namen und Mengen zuverlässig zu verbinden.

Wasser ist Macht; Wasserrechte, verlässliche Verteilungen dessen, was in den Adern zwischen den Feldern und Palmenhainen fließt, können über Leben und Tod einer ganzen Stadt entscheiden. So war die erste Schrift ein Abbild von Schöpfrad, Zisterne und Kanal, ein Mittel, zu ordnen und zu verteilen.

Was die Technik der Bewässerungsanlagen für die Menschen regelte, das regelte die Schrift zwischen den Menschen. Wie Hebel und Rad die Muskelkraft multiplizieren, versprach sie, die Möglichkeiten von Ordnung, Verteilung und Übersicht zu steigern. Das launische, gefühlsbestimmte, Verdrängung, Verleugnung und Vergessen unterworfene Gedächtnis wurde in das Joch der Buchstaben gespannt, wie früher Ochs und Esel. Werkzeug und Körper hatten begonnen, aufeinander zu wirken. Noch nie aber war dieser Austausch so intensiv gewesen wie jetzt, da alles, was gesagt werden konnte, mit einem Mal fest wurde und nicht mehr verschwand. An den Zeichen der Schrift härtete sich auch der menschliche Geist. Zu Es und Ich gesellte sich das Über-Ich.

Als Claude Lévi-Strauss bei seiner Reise zu den Nambikwara den Indianern Bleistifte und Papier schenkte, konnten sie nicht viel damit anfangen. Sie kritzelten Wellenlinien und versuchten so, die Schrift des Ethnographen nachzuahmen. Bald gaben sie aber den uninteressanten Versuch auf. Nur der Häuptling verhielt sich anders. Er schien eine Funktion des Schreibens zu begreifen, bat sich ein Notizbuch aus und gab seine Befehle nicht mehr nur mündlich, sondern schriftlich, indem er Linien auf das Papier »schrieb« und diese dann emporhielt, sodass die anderen seine »Mitteilung« sehen – »lesen« – konnten. Da er gleichzeitig seine Kommandos auch mündlich gab, bewährte sich dieses Vorgehen. Glaubte er selbst an seine Komödie?

Anschließend erzählt Lévi-Strauss eine Geschichte, in der er sich verirrt, Waffen und Ausrüstung verliert und fürchtet, von den Nambikwara getötet zu werden. Was sonst lässt sich von Wilden erwarten, die kaum etwas zu essen haben und Maultierbraten hochschätzen? Aber seine düsteren Phantasien erfüllen sich nicht, im Gegenteil, als er in der Dämmerung schon verzweifelt, kommen zwei Nambikwara, die seine Spuren verfolgt und auch seine Ausrüstung gefunden haben. Die Indianer können also Spuren lesen, die für den Europäer unleserlich sind; umgekehrt kann dieser

Aufzeichnungen entziffern, mit denen nun wiederum die Indianer nichts anzufangen wissen.

Der Anthropologe registriert diese Kunst der Nambikwara nur; mehr beschäftigt ihn, wie sie mit seiner Schrift umgegangen sind: Sie haben sie sozial interpretiert, nicht intellektuell. Es ging ihnen nicht darum, etwas zu wissen und zu behalten, sondern Macht auszuüben, Prestige und Autorität zu vergrößern.

Ist es falsch, die Schrift als den Schritt von der Barbarei zur Kultur zu deuten? Auf den ersten Blick scheint dieser Gedanke unwiderstehlich. Dennoch findet Lévi-Strauss viele und überzeugende Einwände. Die Menschheit legte ihre wohl dynamischste Periode, in der Handwerk, Ackerbau und Viehzucht entdeckt wurden, ohne Kenntnisse der Schrift zurück. Um diese Grundlagen zu schaffen, mussten kleine Gruppen von zielbewussten und gedächtnisstarken Menschen mit Nutzpflanzen und Haustieren über viele Generationen hin experimentieren; die Schrift war damals nicht bekannt. Pfeil und Bogen, Lanze und Rad, Pferd und Rind, Weizen und Gerste wurden entdeckt, verfeinert, kultiviert, ohne dass jemand lesen oder schreiben konnte.

Verglichen mit dieser Phase großartiger Schöpfungen waren die Jahrtausende zwischen den Reichen der Antike und dem 18. Jahrhundert eher arm an grundlegenden Neuerungen. Das Leben in einer römischen Insula unterschied sich in vielen Einzelheiten nicht vom Leben in einem Pariser Palast des Rokoko. Ehe aus der Entdeckung der Schrift die wissenschaftliche und technische Blüte des 19. und 20. Jahrhunderts wurde, vergingen im Westen fast fünftausend Jahre.

Die zentrale Innovation, die mit dem Aufkommen der Schrift verbunden werden kann, ist die Unterordnung zahlreicher Menschen unter ein System von Städten und Reichen mit Kasten und Besitzständen.

»Wenn meine Vermutung richtig ist«, sagt Lévi-Strauss, »so bestand die primäre Funktion der schriftlichen Mitteilung darin, die Versklavung zu

erleichtern. Die Verwendung der Schrift zu uneigennützigen Zwecken, das heißt im Dienst intellektueller oder ästhetischer Bemühungen, stellte ein sekundäres Ergebnis dar, das sich außerdem nicht selten in ein Mittel verwandelte, um das primäre zu verstärken, zu rechtfertigen und zu vertuschen.«[117]

Etwas für immer und für alle verbindlich festzuhalten ist der erste und wesentlichste Sieg der Technik über die Spontaneität. Obwohl es nur einer der vielen Schritte in der Geschichte ist, war dieser doch einer der folgenreichsten. Andere sind ihm vorausgegangen, zum Beispiel der Schritt vom zufällig benützten Werkzeug zu dem, das der (Vor-) Mensch in der Hand hält und mit sich trägt.

Wer eine Waffe immer mit sich führt, ist für Situationen gewappnet, die selten auftreten. Seine Überlegenheit, sie zu bewältigen, schafft einen wesentlichen Vorteil. Er muss bezahlt werden mit einem Verlust an Bewegungsfreiheit und Spontaneität. Der Waffenträger wird durch die Last verändert, die er mit sich schleppt. Die Waffe beginnt, nicht nur seinen Arm zu stärken, sondern auch den Geist zu bestimmen, der die Hand führt.

Der Vormensch, der sich entschloss, den Prügel zu behalten, mit dem er ein Raubtier vertrieben hatte, wurde dadurch ein anderer, für seine Brüder und Schwestern wie für die Tiere um ihn. Aber erst die Schrift hat die Kultur auf eine andere Stufe gehoben, deren psychologische Dimension wir erst ahnen, seit uns die Lebenform der Jäger und Sammler in ihrer Bedeutung für unsere genetische Evolution klarer geworden ist.[118]

Jeder technische Machtgewinn fesselt den Menschen bzw. seine Kultur an Angst und Aggression. Die Angst wächst, weil wir alles, was wir gewonnen haben, zu verlieren fürchten. Und die Aggression wächst, weil wir Macht gewonnen haben und es fast unmöglich ist, gewonnene Macht nicht zu missbrauchen.

15. Das Manna der Manie

»*Als der Nebel aufstieg, da lag auf dem Boden etwas Feines, Körnertiges, fein wie Reif auf der Erde. Die Israeliten sahen es und sagten zueinander:* ›*Was ist das?*‹ *Denn sie wussten nicht, was es war. Da sprach Mose zu ihnen:* ›*Das ist das Brot, das Jahwe euch zu essen gibt.*‹«[119]

Zur Dynamik der Religionsgründung gehört durchweg eine grandiose Bescheidenheit, in der ein Sterblicher als Mittler auftritt und eigene Größenphantasien dadurch verbirgt, dass er sich als Sprecher eines Größeren ausgibt. Den geheimen Größenanspruch erkennen wir nur daran, dass er von sich behauptet, der einzige echte und würdige Sprecher dieser höheren Macht zu sein.

Erste Erklärungen sehen hier ein Stück Rückversicherung: Wenn der Prophet irrt, hat nicht das Höhere geirrt, sondern sein sterbliches Gefäß. Zudem fällt es dem Menschen, der – wenn er seine Kindheit nicht ganz verdrängt – doch um seine Schwäche und Fehlbarkeit weiß, nicht leicht, Zweifel an sich selbst zu überwinden und sich selbst zum Gott zu machen und als solcher zu gebärden.

So wird es zum glaubwürdigeren Kompromiss, selbst überrascht zu sein von den Eingebungen dieser höheren Macht. Ein dritter Einfluss mag in der größeren sozialen Nähe liegen, die auf diese Weise ermöglicht wird: Gott hat eine Meinung zum Volk Israel, er straft es oder rettet es; Moses ist nur sein Sprecher, einer von Gottes Volk, nur wenig anders als seine Brüder und Schwestern.

Wir nähern uns hier dem emotionalen Dilemma jeder Führung. Wenn der Leiter nicht einer von uns ist, erreicht er mich nicht, weckt Angst, aber keine Liebe. Wenn er aber nur einer von uns ist – wie kann ich ihn dann respektieren?

Freud hat versucht, diese Dynamik durch seine Instanzenlehre zu erklären: Der inspirierte Prophet kann eine schlagkräftige und überzeugende Synthese zwischen Es, Ich und Über-Ich entwickeln, indem er egoistische Bedürfnisse in den Dienst einer höheren Macht stellt und seine primitiven Größenwünsche mit diesem überirdischen Einfluss verschmilzt.

Das Bild der meisten Propheten ist durch Legendenbildung verklärt; wir wissen nur wenig von ihrem Leben, kennen ihre Lehre oft nur aus den Schriften ihrer Hörer. Da sie selten unsere Zeitgenossen sind, scheint es schwierig, aktuelle Beispiele für diese Dynamik zu finden.

Aber so schwer ist das gar nicht, wenn wir uns zugestehen, dass auch Erhabenes einmal trivial gewesen sein könnte. In der Tat gibt es Männer, die im 20. Jahrhundert mit prophetischem Anspruch aufgetreten sind und deren Analyse mir sehr aufschlussreich erscheint, auch wenn mir Kritiker vorwerfen werden, mit solchen Vergleichen das erhabene Bild von Heroen einer lang vergangenen Zeit zu beschmutzen.

Ron L. Hubbard: Leben ohne Zweifel

Ein religionspsychologisch fesselndes und relativ aktuelles Beispiel für die Propheten-Dynamik ist der 1911 geborene und 1986 verstorbene Ron L. Hubbard, der Gründer einer nach eigenen Angaben mehrere Millionen starken Gemeinschaft von »Scientologen«.

Während wir von anderen Propheten nur wenig Biografisches wissen, gibt es von Hubbard eine von ihm selbst inspirierte und wohl in weiten Teilen auch verfasste Autobiografie, die im Internet auf den Seiten zu finden ist, die der Verbreitung des scientologischen Glaubens dienen.

Dem Kliniker, der diese Autobiografie liest, drängt sich das Bild einer kompensierten Manie geradezu auf. In diesem Leben gibt es nichts Negatives, keinen Zweifel, keine

Einschränkung – und keine Kindheit. Der kleine Ron hat praktisch keine Eltern; er erwähnt nur, dass sein Vater beim Militär war. Über Mutter oder Geschwister fällt kein Wort.

Umso ausführlicher geht es dann sogleich um die viel »interessantere« Ersatz-Familie eines Stammes der Schwarzfußindianer, die den kleinen Ron bereits im Alter von sechs Jahren von ihrem Schamanen einweihen lassen. Noch als Kind wird Ron ein grandioser, mehrfach preisgekrönter Pfadfinder, der jüngste Adlerpfadfinder Amerikas. Überall, wohin er rastlos reist, wird er von den interessantesten Wissenschaftlern, Mönchen und Voodoo-Meistern belehrt.

Bereits als Zwölfjähriger lernt er die Psychoanalyse durch einen Freudschüler mit dem Namen Joseph Thompson kennen. Dieser rastlose junge Mann, dessen Ortsveränderungen kaum zählbar sind, kann sich keine bürgerliche Karriere vorstellen. Vermutlich führte ihn eine Mischung von intellektueller Hochbegabung und extremer Kränkbarkeit dazu, dass er sich in sozialen Strukturen nicht wohlfühlte, die er nicht kontrollieren konnte.

Hubbard war schon früh ein typischer Alles- und Besserwisser, der sich von Hierarchien und Bildungstraditionen nur eingeengt fühlte. Liebevoll werden in seiner Autobiografie die kleinsten narzisstischen Triumphe aneinandergereiht: die Medaillen als Pfadfinder für Elektrizität, Fotografie, persönliche und öffentliche Gesundheit, insgesamt zehn Medaillen, wodurch der spätere Prophet den Rang eines Star Scout erwirbt.

In den drei Jahren nach 1930 – Hubbard ist 19 Jahre alt – behauptet der Gründervater von Scientology folgende Taten verrichtet zu haben: Er hat Ingenieurswesen sowie Atom- und Molekularphysik studiert, ist Drill-Sergeant bei den Marines geworden und hat dort eine preisgekrönte Kompanie aufgebaut, trat als Balladensänger auf, schrieb Hörspiel-Serien, war Landvermesser, lernte Segelfliegen, wurde einer der besten Piloten des Landes, sorgte dafür, dass zwölf gefährliche Flughäfen geschlossen wurden, stellte einen landesweiten Dauersegelflug-Rekord auf, vollendete die erste mineralogische Vermessung von Puerto Rico und erforschte Kulturen und Glaubensrichtungen dieser Gegend, einschließlich Voodoo und Spiritismus.

Die erste sozusagen sichtbare Karriere dieses begabten, nach Grandiosität süchtigen Menschen passte zu seinen Persönlichkeitsproblemen wie der Schlüssel zum Schloss: Ron Hubbard wurde ein äußerst produktiver Autor von Kolportageromanen; hier hat eine gewisse Neigung zur Übertreibung schließlich noch nie geschadet.

Karl May: Der Pseudologe als Prophet

Hubbard erinnert in vielen Zügen an einen höchst erfolgreichen und ebenfalls von dubiosen Größenansprüchen geplagten Autor: Karl May. Zwei Eigenschaften Mays fallen bereits beim ersten Versuch auf, zu seiner Persönlichkeit vorzudringen: seine Neigung, Geschichten zu erfinden, deren Held er ist, und sein Interesse für Religion bis hin zu dem Versuch, selbst als Prophet eines neuen (oder erneuerten alten) Glaubens aufzutreten.

Von anderen Geschichtenerfindern unterscheiden sich Karl May und Hubbard, weil sie nicht nur erzählen, sondern auch belehren wollen. Schließlich wird bei May der Text mächtiger als sein Autor. Das Belehrungsbedürfnis geht mit dem Schriftsteller durch, treibt ihn dazu, zu behaupten, er hätte alles selbst erlebt, alle Ehrennamen selbst erworben. Müssten wir Karl May in einem psychologischen Seminar analysieren, würden wir ihm die Diagnose einer Pseudologia phantastica im Dienste einer manischen Abwehr von Depressionen und Ängsten zuschreiben.

Unfreundliche Menschen sprechen hier von Betrügern, freundliche von Dichtern oder Propheten; Psychologen von

Personen, die aus einer Selbstgefühlsstörung heraus nicht anders können, als andere mit allen Mitteln glauben zu lassen, sie seien größer, als sie sind.

»Normale« Lügner sind zufrieden, wenn sie sich ein Ziel erschwindelt haben; Pseudologen verwirren den soeben Überzeugten dadurch, dass sie noch eine zweite, eine dritte und vierte noch viel großartigere und darum unwahrscheinlichere Geschichte draufsetzen. Schließlich treten die Beteuerungen einer immer großartigeren Selbstdarstellung und die Skepsis der Hörer in eine Art Wettlauf, den der Pseudologe nur gewinnen kann, wenn er zum Propheten wird und eine Sekte stiftet.

Karl May unterscheidet sich von einem trivialen Pseudologen, denn er ringt um eine Ermäßigung und humorvolle Brechung seiner Grandiosität mit fast derselben Kraft, mit der sie sich immer wieder durchsetzt und als naivste Prahlerei an die Oberfläche tritt. Er schafft aus der Fülle seiner Phantasie ständig den Bramarbas, den Angeber, den Aufschneider neben sich, als Diener wie als Feind, und kann so endlich eine Sehnsucht nach Bescheidenheit und Demut erfüllen, zu der er sich immer wieder und immer wieder vergeblich bekennt.[120]

Auf jeden seiner Triumphe folgt eine Niederlage. Alle späteren trivialen Helden, von Superman bis zu Conan, Rambo und dem Terminator haben von Kara Ben Nemsi vor allem das eine gelernt: Der schlichte Sieg spendet längst nicht so viel Selbstgenuss und Grandiosität wie das Aufbäumen des in aussichtsloser Lage Gefangenen, des Gefolterten, des völlig Erniedrigten, der keine Chance mehr hat.

Karl May hat eingeführt, was wir später den Masochismus der Helden nennen: Ob er nun Gold findet oder Schätze entdeckt, Räubern die Beute oder Piraten das Schiff nimmt, ob ihm Reichtümer angeboten werden oder einträgliche Ämter – er nimmt nichts an, er geht aus allen Abenteuern so hervor, wie er hineingekommen ist, wohlbewaffnet und weder arm noch reich, ein Arbeiter der Feder daheim, ein Freund der Armen und Tapferen unterwegs.

Der Held der Antike, wie Achill oder Herkules, siegt durch seine Kraft und bezwingt jeden Gegner. Beutelüstern ist er stets. Der moderne Held aber scheint (wie etwa der Graf von Monte Christo) erst in der Verzweiflung seine Kraft zu gewinnen, wie Antaios, der – zu Boden geschmettert – aus ebendieser Niederlage neue Stärke empfängt.

Der Pseudologe lebt in einer speziellen Welt, die sich von der Welt aller anderen Menschen durch eine Qualität unterscheidet, die sich provisorisch als schillernd, vielschichtig oder instabil beschreiben lässt. Obwohl in den konstruktivistischen Richtungen der Philosophie und Sozialforschung ohnehin belegt wurde, dass Menschen sich ihre Wirklichkeit immer neu so interpretieren, dass sie möglichst gut zu ihren Wünschen passt, unterscheidet sich der Pseudologe vom normalen Menschen, der etwas beschönigt oder verleugnet. Er ist sehr viel aktiver, seine Lügen sind nicht defensiv, sondern offensiv, er genießt es, wenn andere ihm etwas glauben, wovon er selbst genau weiß, dass es nicht stimmt.

In Karl Mays Abenteuererzählungen lässt sich überall, dem Traum im Traum ähnlich, die Lust an der Lüge entdecken. Sie tritt als Kriegslist auf, als taktische Verstellung, als geschickter Kunstgriff, die Absichten des übermächtigen Feindes zu erraten. Sie gebärdet sich als sympathisch-bescheidener Scherz, stellt das eigene Licht unter den Scheffel, lässt sich von Aufschneidern erst einmal kleinzeichnen, um sie dann desto sicherer zu beschämen.

Wo immer es ihm möglich ist, nimmt der Ich-Erzähler chamäleongleich die Sprache, Kleidung und die Farbe seiner Umwelt an. Er ist Araber in Mekka, Sklavenhändler im Sudan, Räuber unter Räubern; in dieser Rolle genießt er es sichtlich, über die eigenen Taten wie über die eines Fremden zu sprechen oder sprechen zu lassen. In »Winnetou II« hört ein angebliches Greenhorn, das in Wahrheit Old Shatterhand ist, viele Seiten lang geduldig zu, wie ein erfahrener Westmann Old Shatterhand preist. Im »Mahdi« gibt sich Kara Ben Nemsi immer wieder als Sklavenhändler aus und erzählt in dieser Rolle haarklein, wie übel ein Giaur, der er selbst ist, den Sklavenhändlern mitgespielt und ihre Geschäfte verdorben hat.

Stellen wir uns vor, ein an sich unscheinbarer, weder durch besondere Schönheit noch durch einen großen Namen, Reichtum oder akademischen Rang ausgezeichneter Mann sucht die Aufmerksamkeit einer Tischgesellschaft. Er wünscht sich viel Beachtung, muss aber die schmerzliche Erfahrung machen, dass sich die Zuhörer bald ein anderes Thema suchen – eines, in dem dramatische Ereignisse oder wichtige Personen eine Rolle spielen.

Wenn dieser Mann nun klug genug ist, solche Geschichten in seinem Gedächtnis zu speichern, und so sprachbegabt, dass er sie flüssig mit kleinen Abwandlungen erzählen kann, dann wird er vielleicht einmal probieren, ein interessantes, aber erfundenes Erlebnis in seine Erzählung über sich selbst einzubauen.

Wenn er bemerkt, wie viel aufmerksamer ihm die anderen zuhören, wie viel mehr sie an seinen Lippen hängen, wird er diese Versuche steigern und gleichzeitig die Überzeugung aufbauen, die Zuhörer seien in Wahrheit seine Komplizen, sie wollten belogen werden, die Lüge sei ihnen lieber und schätzenswerter als die Wahrheit.

In der Pseudologie wird eine depressive Erniedrigung und Vernichtung des Selbstgefühls manisch abgewehrt. So ist auch das Bedürfnis nach erfundenen Aufwertungen unersättlich. Der hektische narzisstische Appetit von Karl May zeigt sich in den zahllosen Variationen, in denen er immer wieder siegen, überzeugen, sich als den geistig, moralisch, religiös, an Körperkräften überlegenen erweisen muss.

Er gewinnt jeden Wettbewerb, ob es um Kriegslist, Anschleichen, Schießen, Fechten, Boxen, Ringen, Seemannskunst und Musik geht, er lernt binnen Tagen auch den entlegensten Eingeborenendialekt. Aber das alles reicht nicht, er braucht stets neue Überlegenheiten. Viele davon schöpft er aus der eigenen Erniedrigung, er wird hinterrücks niedergeschlagen, verwundet, umzingelt, beraubt und wendet doch jedes Mal die Niederlage zum Sieg. Aber er kann auch auf die Entwertung anderer nicht verzichten – oft auch der soeben gewonnenen Freunde. Was er an Dünkel über Neger, Chinesen, Albanier, Türken von sich gibt, zeigt doch, dass er keinen Krümel der eigenen Überlegenheit preisgeben kann.

In elenden Umständen aufgewachsen, ausgehungert, eine Weile durch Vitaminmangel blind, später vom alkoholkranken Vater verprügelt und geängstigt, aber auch in grandiose Projekte einbezogen, hatte Karl May jeden Anlass, an primitiven narzisstischen Phantasien von Allmacht und Allwissenheit festzuhalten.

Er identifiziert sich nach dem Modell des Helfer-Syndroms[121] mit idealen Elterngestalten, die ihm selbst gefehlt hatten, wird ein unermüdlicher Lehrer seiner Leser, ein besserer Indianer als die Komantschen, ein besserer Beduine als die Schammar.

Karl Mays Selbstgefühl schwankte stark und hat die Belastungen der frühen Kränkungen nie ganz verkraftet, was sich auch daran ablesen lässt, dass er immer extrem empfindlich auf Kritik reagierte und ein Vermögen für sinnlose Prozesse um seine »Ehre« ausgab. Liebenswürdig und einfühlsam, wo er bestätigt wurde, konnte er mit Menschen, die ihn verletzten, nicht vernünftig oder diplomatisch umgehen, sondern geriet in das latente Thema seiner Erzählzyklen: die Rache.

Der Versuch, sein Selbstgefühl, seine Grandiosität, die »Wahrheit« seiner Gestalten gegen alle Kritik, gegen jeden Zweifel zu verteidigen, machte ihn unglaubwürdig und angreifbar.

Ein wichtiges Zeichen der Selbstgefühlsstörung ist diese Ruhelosigkeit, die »narzisstische Unersättlichkeit«. Jede Bestätigung hält nur kurze Zeit vor, ihr muss eine größere folgen. Es ist hier interessant zu beobachten, dass Karl May in dem amerikanischen Zyklus mit Winnetou einen Blutsbruder darstellt, der mit ihm verschmilzt, seine Gedanken denkt, seine Gefühle fühlt.

In dem orientalischen Zyklus hingegen zerfällt dieser Blutsbruder in mehrere Gestalten: in Hadschi Halef, eine skurrile Figur, an welcher der Held seine Überlegenheit beweist (während er bei Winnetou in die Lehre geht, um die Künste der Indianer zu erlernen), weiter in Marah Durimeh, die ideale Mutter, und schließlich in den Rappen Rih, der – ganz ähnlich wie Winnetou – sterben muss, um den Helden zu retten. (Ein bizarres Detail: May schickte Verehrerinnen Haare Winnetous – die Pferdehaare waren).

Der narzisstische Zwilling ist eine Phantasie, die bereits Platon im »Symposion« schildert. Er erzählt dort über den Ursprung des Eros die Geschichte von den ungeheuer starken Kugelwesen, deren Kraft die Götter bedroht, bis diese sie dadurch schwächen, dass sie sie in je zwei Teile schneiden »wie Eier mit Haaren«.[122]

Während die Kugelwesen sich wie die Zikaden vermehrten, indem sie Eier in die Erde legten, erhielten die Menschen danach das Geschenk der sexuellen Vereinigung. Da es drei Sorten solcher Kugelwesen gab – die Weiblichen, von der Erde, die Männlichen, von der Sonne, und die Mannweiblichen vom Mond –, gibt es nun auch Frauen, die sich mit Frauen vereinigen wollen, Männer, die das mit Männern tun möchten, und schließlich auch Frauen und Männer, die sich nach etwas sehnen, das anders ist als sie, um sich mit ihm zu vereinen.

Die psychoanalytische Forschung hat Platons Mythos vom Kopf auf die Füße gestellt und seiner Unwahrscheinlichkeiten beraubt. Um die Kernaussage, die Sehnsucht nach einer illusionären Einheit, kommt sie nicht herum. Sie spricht von Symbiose, Verschmelzung, Spiegelung, Anlehnung, Idealisierung und meint damit die Bereitschaft des Menschen, zu sehen, was er sich wünscht, und zu glauben, es sei tatsächlich da.

Karl Mays persönliche Tragödie liegt darin, dass er – von den Gespenstern seiner traumatischen Kindheit gejagt – seine manische Abwehr nur unzureichend durchschaute und daher immer wieder auch in Situationen den Kontakt zur Realität verlor, in denen er sich durch seine Phantasmen schadete. Darin wurzelt seine frühe Kriminalität, die durchweg hochstaplerische, betrügerische Züge trägt. Der angehende Lehrer will eben unbedingt ein wenig mehr scheinen, als er ist. Er stiehlt Kerzen, unterschlägt eine Uhr in einem ehrpusseligen Milieu, dessen Regeln er dank seiner leuchtenden Intelligenz problemlos durchschauen könnte.

In dieser manischen Abwehr, die angesichts der drohenden Grenze, der befürchteten Trauer die eigenen Verleugnungsbemühungen ins Wahnhafte steigert, wurzelt auch seine Krise als Schriftsteller. Es ist ihm zu wenig, nur der zu sein, der Reisen erfindet. Warum? Er könnte doch stolz sein, wie erfolgreich seine Erfindungen sind, wie viele Leser sie begeistern. Aber wer so argumentiert, unterschätzt den »vulkanischen Boden«, den May in seiner Vaterbeziehung beschreibt.[123]

Die geschriebene Erfindung, die Anerkennung der Leser, der Zuspruch der Verleger reichen nicht aus, um den Autor vor seiner latenten Depression zu schützen, vor dem Gefühl, dass die Welt, die er sich geschaffen, in der er gelebt hat, sich ebenso auflöst und zerfällt wie der heroische Charakter, der zu sein sich dieser ängstliche und liebesbedürftige Mensch so sehr wünscht.

Daher braucht er handgreifliche Beweise, um sich an den eigenen Erfindungen festzuhalten, die Jagdkostüme, den Henrystutzen, den Bärentöter, die Kette mit den Reißzähnen der erlegten Bären oder Löwen, sogar die Silberbüchse Winnetous. Er muss sogar den letzten Band der Winnetou-Trilogie umschreiben, um zu erklären, wieso die Waffe in seine Hände kommt, mit der doch sein Blutsbruder im fernen Amerika bestattet wurde.

Dieser Versuch, die erfundenen Abenteuer als wirklich erlebte auszugeben, drückt bereits die Bereitschaft von Karl May aus, sich selbst als Schriftsteller zu entwerten und seine Fähigkeit, fesselnde Märchen zu erzählen, gering zu schätzen. Er wünscht sich eine Selbstdarstellung als grandioser Realcharakter, als Ein-Mann-Gesamtkunstwerk. Dieser Anspruch musste umso mehr seine Kritiker wecken, je erfolgreicher May als Schriftsteller wurde. Er bereitete seinen Gegnern ein leichtes Spiel.

So musste der Übergutmensch, der alle seine Tugendtaten als Old Shatterhand und Kara Ben Nemsi selbst vollbracht zu haben behauptete, sich von einem Gericht bestätigen lassen, man dürfe ungestraft von ihm sagen, er sei ein geborener Verbrecher.

Das hat ihn sehr verbittert und eine letzte, manische Anstrengung ausgelöst, die ihre Wurzeln in einer tiefen Depression nicht mehr verleugnen kann. Es geht jetzt darum, dass May angesichts des Scheiterns seines Gesamtkunstwerks »Held« sich auch als Schriftsteller scheitern lässt, freilich mit der Hoffnung, sich wie Phoenix in dieser Asche magisch zu verjüngen und glänzender aus ihr zu erheben.

»Alles, was ich bisher geschrieben habe«, sagt May in einem Brief an Prof. L. Gurlitt vom 8. Januar 1912[124], *»ist nichts als Vorübung, als Skizze. Ich habe mich bisher vorbereitet, habe meine Stoffe und meine Leser studiert und kann nun erst mit meinen eigentlichen Werken beginnen, in denen ich das bringe, was ich bis heute nicht bringen konnte, weil mir das Wissen und das Können dazu fehlte.«*

Hier kündigt May den Wechsel von der Rolle des Erzählers in die des Propheten, des Stifters einer neuen Religion an. Aber in demselben Jahr 1912 starb Karl May.

Ron L. Hubbard: Der triviale Autor als Prophet

Hubbards Karriere ähnelt der von Karl May, doch war er ein weit schlechterer Romancier und ein weit entschlossenerer Religionsstifter.

Wie Karl May begann auch Hubbard mit den so genannten »Heftchen-« oder »Groschenromanen« (»pulps« nach dem billigen Papier, auf dem sie gedruckt waren). Er veröffentlichte 1934 seine erste Abenteuerstory, »The Green God« (Der grüne Gott). Er produzierte zehn Seiten am Tag. Alle Genres wurden bedient: Western, Liebes-, Detektiv- und Zukunftsroman. Um die Leser von der Fährte des Vielschreibers zu locken, der sich notgedrungen wiederholt, benutzt Hubbard Peudonyme, die viel über seine Stoffe und seine Sehnsucht aussagen, ein heroischer Soldat zu sein.

Unter anderem nennt er sich: Winchester Remington Colt, Lt. Jonathan Daly, Capt. Charles Gordon, Bernard Hubbel, Michael Keith, Legionnaire 148, Rene Lafayette, Ken Martin, B.A. Northrup, Scott Morgan, Kurt von Rachen, Barry Randolph, Lt. Scott Morgan, Capt. Humbert Reynolds. Als Drehbuchschreiber für Piratenfilme kommt Hubbard in Hollywood nicht weiter; besser ist sein Erfolg in der Sparte Science-Fiction. Seine erste Geschichte »The Dangerous Dimension« (Die negative Dimension), erscheint 1938 in der Juli-Ausgabe von »Astounding Science Fiction«.

Hubbard gleicht Karl May insofern, als auch ihm die zurückgezogene Arbeit des Schriftstellers nicht genügt. Er will nicht nur Geschichtenerfinder sein, sondern selbst Geschichte machen. Er bläst eine Reise nach Alaska zur Forschungsexpedition auf, spielt mit Technik (es handle sich um eine »Funk-Expedition«, steht in der Hagiographie von Scientology) und behauptet Eingeborenenkulturen zu erforschen.

Das ist genau die Mischung des Ich-Helden von »Winnetou I«. Das »Greenhorn«, das alle Westmänner übertrifft, plant den Bau einer Eisenbahn durch den Wilden Westen und wird Blutsbruder der Indianer.

Wahrscheinlich haben die Kriegserlebnisse dazu beigetragen, dass Hubbard vom Autor trivialer Romane zum Gründer einer Sekte mutierte. Er diente bei der Marine und kurierte geheimnisvolle Kriegsverletzungen im Oak Knoll Naval Hospital. Angesichts eigener Leiden – vielleicht einer psychischen Traumatisierung – steigert sich der bisher in literarischer Produktion gebundene Größenwahn zu der Überzeugung, ein wissenschaftliches und pädagogisches Genie zu sein.

»Dianetik«, wie Hubbard seine Lehre nennt, ehe er sie als »Scientology« steuersparend zur Religionsgemeinschaft umgründet, ist nichts anderes als das Versprechen, mit Hilfe einiger Psychotechniken, die rhetorisch aufgebläht werden und ihre Quellen verleugnen – Hubbard hat alles selbst entdeckt! –, einen neuen, intelligenteren, gesünderen, vollkommeneren, schließlich alle Grenzen sprengenden Menschen zu schaffen.

Nach seiner Entlassung aus der US-Marine im Februar 1946 schreibt L. Ron Hubbard wieder Kurzgeschichten mit Titeln wie »Blood on His Spurs«, »Killer's Law« und »The Obsolete Weapon«. In der ersten Märzwoche 1950 beendet er Dianetik: Der Leitfaden für den menschlichen Verstand. Am 9. Mai 1950 erscheint das Buch. Danach hat Hubbard immer weniger geschrieben und immer mehr Zeit mit Vorträgen und mit dem Aufbau eines straff organisierten Konzerns verbracht, der in den USA schließlich auch als Religionsgemeinschaft anerkannt wurde, in Europa aber von Verfassungsschützern verfolgt wird.

Während die Kritiker Scientology als mafiöse Struktur beschreiben, die Abtrünnige gnadenlos verfolgt und versucht, Betriebe zu infiltrieren, wirbt Scientology mit prominenten Mitgliedern unter den Stars der Filmbranche und fordert Toleranz. Hubbard hat in Scientology Elemente eines Mysterienkultes mit modernem Management verbunden. Das ist keine Religion, die sich mit freiwilligen Spenden begnügt oder versucht, ein Stück vom Kirchensteuerkuchen zu erhaschen, sondern eher ein System, in dem Schritte zur Erleuchtung in einem Schneeballsystem konsequent vermarktet werden.

Wer viel Geld für Kurse ausgibt, dem wird versprochen, dass er irgendwann Kursleiter wird und einen Teil des eingesetzten Geldes zurückgewinnt. Daher kämpfen Scientologen um ihren und Hubbards Ruf mit der Energie, die jeder Mensch entwickelt, sobald man seinen Besitzstand beschneiden will.

Es scheint mir unlogisch, dieses System zu dämonisieren. Es gleicht in vielen Einzelheiten der Organisation der Therapieausbildungen, die sich von den ersten psychoanalytischen Instituten bis zu den Gründungen der »humanistischen« Therapieformen ähnlich, freilich erheblich durchschaubarer und mit geringeren Versprechungen entwickelt haben.

Bei der Gründung eines solchen Ausbildungsinstituts für Therapeuten schließt sich eine Gruppe zusammen, die so selbstbewusst und gut organisiert ist, dass sie Nicht-Gruppenmitgliedern ein Aufnahmeritual schmackhaft machen kann, das diese mehr oder weniger viel Geld kostet. Dieses verspricht mehr oder weniger deutlich, sie könnten, sobald sie selbst »Eingeweihte« seien, an der (Ausbildungs-)Macht der bereits Eingeweihten teilhaben.

Die Gründungsmitglieder sind »Lehrtherapeuten« (Hubbard hat hier phantasievollere Namen erdacht, die mit seinen kosmischen Visionen als Autor von Zukunftsromanen zusammenhängen). Den Novizen wird versprochen, sie könnten ebenfalls Lehrtherapeuten werden; so investieren sie in ihre Zukunft. Das organisatorische Problem ist die manische Vision, dass schließlich die ganze Menschheit an den Propheten glauben wird. Daher werden alle Novizen, die sich zum Missionar fortbilden, so viele neue Novizen finden, dass sie ihr Lehrgeld mit Gewinn zurückbekommen. Wenn ihnen das nicht gelingt, war ihr Glaube oder ihre Überzeugungskraft zu schwach.

Solange eine solche Bewegung schnell expandiert, haben alle frisch ausgebildeten »Missionare« genügend zu tun und finden ihren Einsatz an Zeit, Geld und Energie belohnt. Irgendwann gibt es aber nicht mehr genügend Interessenten; ein Verteilungskampf beginnt.

Aus den Berichten von Aussteigern (die natürlich kritisch beurteilt werden sollten) scheint mir das Versprechen der »Dianetik« dem Aufbau einer funktionierenden manischen Abwehr nahezukommen. Auch das ist weder dämonisch noch originell. Während einer Übernachtung in der Zelle eines katholischen Klosters anlässlich einer Tagung habe ich einen Wandspruch gesehen, der den Anspruch dieser Abwehr genau formuliert: »Gewinne allen Dingen ihre helle Seite ab, und wenn es keine helle Seite gibt, poliere die dunkle so lange, bis sie glänzt!«

Der moderne Volksmund spricht hier vom »positiven Denken«, die Scientologen von einem Zustand, den sie »clear« nennen. Natürlich behauptet jeder, der seine spezifische Form von Manie vermarkten will, so gut und wirkungsvoll wie er habe das noch keiner getan. Alles andere wäre ja auch nicht manisch und würde verraten, dass die Ärzte entweder ihre eigene Medizin nicht geschluckt haben oder diese nicht mächtig genug wirkt.[125]

Die Lektüre der Hubbard-Biografie ist ein anschauliches Dokument dafür, wie ein Prophet jeden Zweifel in sich selbst zum Schweigen bringt. Wenn dieser Prophet im Mittelalter gelebt hat, fällt uns das nicht weiter auf, weil wir gar nicht wissen, wie der kritische Bürger des Mittelalters gedacht hat und ob es ihn überhaupt gab. Wenn aber der Prophet in unserer Welt lebt, Schundromane für hohe Literatur ausgibt und uns in naivstem Stolz daran teilhaben lässt, dass er in einem Monat dreihundert Seiten Roman schreiben kann, wie sieht es dann aus? Wenn er erzählt, dass seine

Reisen nicht Reisen sind, sondern zu den Quellen welterschütternder Ereignisse vordringen, wenn er Führungslehre, Erziehung, die Heilung von Geisteskrankheiten und von Drogenabhängigkeit neu entdeckt, was denken wir dann?

Zum faktischen Genie gehört der Zweifel. Freud, der wahrscheinlich ein Genie war, hat ausdrücklich verneint, eines zu sein; Goethe, Leonardo oder Michelangelo waren schöpferische, aber stets von Zweifeln und einem Gefühl des Ungenügens, des Scheiterns belastete Personen.

Hubbard hingegen gelingt es, die banalste Aktivität noch als Geniestreich darzustellen – seine Fotos sind die schönsten, keiner kann wie er eine Schiffsmannschaft führen. Er hat die Seelenwanderung bewiesen, er kann die menschliche Intelligenz steigern, was auch heißt, dass er sich selbst die höchste zuschreibt.

Was von den Wundermitteln der Scientologen gegen Geisteskrankheit und Drogensucht verraten wird, ist höchst banal an der veröffentlichten Oberfläche und wird offenbar in der Tiefe keineswegs besser, nur teurer.

Während in der Lebensgeschichte von Karl May eine »religiöse« Selbstdeutung zwar immer erkennbar ist, seine Selbststilisierung als Prophet eines geheimen Glaubens aber erst den Kränkungen folgte, wissen wir nicht genau, warum sich Ron Hubbard vom Autor zum Propheten entwickelt hat. Ich vermute ein komplexes biografisches Geschehen: Einerseits war ihm vermutlich klar geworden, dass er als Autor stets nur einer unter vielen Fantasy-Schreibern geblieben wäre. Andrerseits hatte er durch das Schreiben einen Teil seiner frühen Selbstgefühlsprobleme überwunden und war nun seiner Sache sicher. Zum Dritten war er als Redner und charismatischer Therapeut so erfolgreich, dass er diese Form der Wirkung auf ein Publikum bald mehr schätzte als die einsame Arbeit des Autors, der sich in einer Papierwelt einsperren muss. Schließlich entwickelte die Gruppe der »Scientologen«, die um ihn herum entstand, eine Eigendynamik.

Genies und Scharlatane

Die soziologische wie die psychoanalytische Untersuchung des Charismatikers sind sich einig, dass Genie und Scharlatan von ihren Zeitgenossen oft nicht unterschieden werden können. Das historische Urteil ist klarer, es bleibt aber dann widersprüchlich, wenn es unter den Urteilenden Macht oder Geld zu verteilen gilt.

Wenn Freud von Anhängern als Genie, von Gegnern als Scharlatan und wissenschaftlicher Fälscher angesehen wird, hängt das damit zusammen, dass Psychoanalytiker und Verhaltenstherapeuten um öffentliches Ansehen und die damit verknüpften Verdienstmöglichkeiten konkurrieren. Das System hat Tradition: Muslime sehen Mohammed im Paradies; der Christ Dante findet ihn in der Hölle, wo ihn ein Teufel mit dem Schwert mitten durchhaut, weil er die Gläubigen gespalten hat.

Der narzisstisch gestörte Charismatiker weist Eigenschaften auf, die wir an vielen Sektengründern studieren können. Die erste ist die Unersättlichkeit einer manischen Abwehr. Die eigene Größe muss dauernd bewiesen werden, sie ruht nicht in sich, sondern kollabiert sofort, wenn sie nicht gesteigert wird. Daher die Tendenz der narzisstisch belasteten Charismatiker zur Missionierung: Weil sie selbst ihrer eigenen Geltung stets wieder unsicher werden, suchen sie Sicherheit dadurch zu gewinnen, dass sie möglichst viele andere überzeugen. Sie müssen immer nach Beweisen suchen, dass sie »gut« sind, oder Deutungen entkräften, die sie selbst vornehmen und die in ihnen einen Selbstzweifel geweckt haben. Häufig entfalten sie besonders hektische Anstrengungen, um Spaltungen zu »überwinden« bzw. sich für imaginären Heroismus anerkennen zu lassen.

Während sich die Umstehenden fragen, warum diese Person einfach nicht Ruhe geben kann, warum sie, wenn etwas gut und geordnet funktioniert, alles von Grund auf umstürzen möchte, sieht es für den Betroffenen anders aus. Er fürchtet sich, er glaubt, ins Bodenlose zu sinken, nutzlos zu sein, völlig allein und verlassen, weil es nichts zu kämpfen gibt und keine Not nach ihm schreit. Da erzeugt er lieber selber eine solche, als die Stille zu ertragen.

Dieses Verhalten signalisiert den Perfektionismus der Traumatisierten. Wenn sie untätig sind, gewinnen Angst und Unruhe in ihnen quälende Macht. Unvergesslich ist mir Matusseks Bericht[126] über einen Juden, der das KZ überlebte und als Friseurmeister in Deutschland blieb. Unter seinen Kunden waren sogar frühere SS-Leute. Er arbeitete von früh bis spät in seinem Laden, den er putzte und aufräumte, wenn die Angestellten gegangen waren. Schrecklich dehnten sich die Wochenenden: Es gab nichts zu tun! Er fand als Lösung einen Schrebergarten, in dem er nun auch seine Freizeit mit Arbeit verbringen konnte – dem einzigen Mittel, das ihn von seinen Ängsten ablenkte, die Vergangenheit könne wieder auferstehen.

Die Ruhelosigkeit hängt mit der Abwehr von Regression zusammen. Stillstand ist Rückschritt; wer nach hinten blickt, sieht nur noch die eigene Verletzung, verliert das Ziel, erstarrt zur Salzsäule. Perfektionismus setzt voraus, dass eine Kultur Schrift besitzt: ein Medium, hinter das nicht zurückgekehrt werden kann, eine Norm, die feststeht, die sich unerreichbar und überfordernd über das menschliche Gefühlsleben legt, das doch stets träumerisch und verspielt von Schlaf und Überschwang heimgesucht wird.[127]

Hubbards Leben dokumentiert diese Rastlosigkeit ebenso wie ein zweites Merkmal der narzisstischen Störung: Die Unfähigkeit, mit Kritik umzugehen und den eigenen Größenanspruch zu reflektieren. Wir können hier differenzieren: in kompensierten Fällen einer solchen Störung bleiben Humor und Reflexion in Bezug auf die eigene Person erhalten, während das »Werk« unantastbar ist. Freud hat beispielsweise durchaus zugestanden, dass er persönliche

Schwäche und eigene Neurose nicht gänzlich überwunden habe, während er die Grundannahmen der Psychoanalyse eisern verteidigte.

In den ausgeprägteren Fällen ist gerade die persönliche Verletzbarkeit so groß, dass buchstäblich jeder Widerspruch eine Majestätsbeleidigung ist. Wer den Charismatiker kritisiert, muss zu einer von zwei Gruppen gehören: den Unerleuchteten, die zu töricht sind, seine Größe zu erkennen, oder den Kriminellen, die sie ihm aus Bosheit und Neid streitig machen.

Entlang dieser Linien entwickelt sich die Dynamik der Sektenstiftung des Science-Fiction-Autors Hubbard. Solange er die Welten, in denen er ganz allein regiert und die er aus Spiritismus und Technikglauben, aus Voodoo und Trivialpsychologie bastelt, auf dem Papier erschafft und seine Leser unterhält, wird er nicht besonders ernst genommen und daher auch nicht besonders kritisiert. Wenn ihm aber diese Geltung nicht mehr genügt, wenn er nicht nur Leser finden, sondern Menschen zum Heil führen will, dann mehren sich auch die Kränkungen, die Enttäuschungen, und es bedarf aufwändigerer Maßnahmen, um sich abzusichern.

Ein zentraler Begriff von Scientology ist »clear«. Wer »klar« ist, verfügt angeblich über eine gesteigerte Intelligenz und funktioniert unbeeindruckt von Einschränkungen, die er im Lauf seiner Biografie erworben hat. Gleichzeitig verspricht diese Klarheit aber auch Durchschaubarkeit und Kontrolle für den Sektengründer und seine Vertreter. So kam es, dass die beabsichtigte Praxis der Befreiung des Geistes aus den Fesseln falscher Prägungen in ihr Gegenteil umschlug.

Hubbard gehörte ursprünglich in einen Zeitgeist, der an vielen Orten versprach, zum »wahren Selbst« vorzudringen und das »falsche Selbst« abzulegen, das uns die Eltern bzw. die »Gesellschaft« aufgenötigt haben. Dieser Zeitgeist setzt die Gebote der Individualisierung mit psychotechnischen

Mitteln um und verspricht, der versagenden Autorität traditioneller Machtstrukturen (Staat, Kirche, Schulsystem) Inspiration und persönliche Beziehung entgegenzusetzen.

So unterschied sich Hubbards Denken nur wenig von dem der Selbsterfahrungs- und Encounterbewegungen der sechziger Jahre. Ich gründete mit anderen Psychologen und Ärzten 1972 ein Institut für psychoanalytische Gruppendynamik, das Selbsterfahrung anbot und Leiter von Selbsterfahrungsgruppen ausbildete. Damals kamen einige Bewerber enttäuscht von den Kursen, die das fast gleichzeitig in München gegründete Celebrity Center der Scientologen durchführte, um sie zuerst »clear« zu machen und dann, als Fernziel, zum »Auditor« auszubilden, der anderen den Kopf clear macht.

Sie hatten den Eindruck gewonnen, dass sie für zweifelhafte Einsichten viel Geld zahlen sollten. Es gab an die zwanzig unterschiedliche Stufen der Erleuchtung; jede von ihnen setzte die Teilnahme an einem kostspieligen Kurs voraus. Nur die Unterstufen wurden in Deutschland vermittelt; wer höher aufsteigen und tiefer eingeweiht sein wollte, musste in die USA oder auf ein Schiff gehen. Dafür waren auch die Versprechungen immens: Wer den geistigen Prozess durchstünde, für den würden die meisten Schranken fallen, die Geist und Gefühl des normalen Menschen einengen.

So verstand ich die Empörung meiner ältesten Tochter ganz gut, die auf einem Spaziergang in der Leopoldstraße zu einem der angeblich »unverbindlichen« Tests eingefangen worden war, mit denen die zum Auditoren-Rang strebenden Jung-Scientologen Kundschaft zu gewinnen suchten. Der »Test«, mit dem Neulingen die Sakramente der Sekte schmackhaft gemacht werden sollten, diente anscheinend dazu, die Kunden so zu verunsichern, dass sie Appetit auf die dianetische Hilfe bekamen. Er bestand daraus, dass der Prüfer viele intime Fragen stellte und gleichzeitig durch die Messung des elektrischen Hautwiderstandes eine primitive Variante des »Lügendetektors« benutzte, um seinen Röntgenblick in die Seele des Missionierten zu beweisen.

Die Prozedur hatte die 17-Jährige veranlasst, künftig jeden Dianetiker zu meiden. Aber sie hatte ihr auch Angst gemacht. Ich erinnerte mich jetzt an eine Podiumsdiskussion über Scientology, in der mehrere auffällig gut gekleidete und eloquente Personen, die an unterschiedlichen Stellen im Auditorium postiert waren, die Harmlosigkeit, ja die segenspendende Kraft dieses Tests am eigenen Leib erfahren zu haben behaupteten.

Gleichzeitig sagten sie etwas zu energisch, sie hätten mit Scientology nichts zu tun, seien ganz normale Bürger, die sich über die Empörung wunderten, die von interessierter Seite (auf dem Podium saßen auch die Sektenbeauftragten der großen Kirchen) gegen die hilfreichen Lehren der Dianetik vorgetragen werde.

Erinnern wir uns an die Handlung der »Zauberflöte«: Auch hier geht es um Einweihung. Während Tamino um jeden Preis »clear« werden will, sagt Papageno, dass ihm gutes Essen und Trinken und vielleicht ein Weibchen lieber sei als alle Weisheitslehren. Als der Priester ihn vorwurfsvoll bescheidet, er werde mit dieser Einstellung das himmlische Vergnügen der Eingeweihten niemals schauen, sagt Papageno: »Je nun, es gibt ja noch mehr Leute meinesgleichen!«

Mozart, ein echtes Genie, lässt beide, Tamino und Papageno, auf ihre jeweils eigene Fasson glücklich werden. Diesen Humor und diese Toleranz suchen wir bei den Scientologen und anderen Fanatikern vergeblich. Hier gibt es nur eine Wahrheit und eine Fasson; Abtrünnige werden bekämpft. Hubbard hat seine Anhänger angewiesen, bei Kritikern seiner Lehren immer nach kriminellen Tendenzen zu fahnden, denn nur Bösewichte könnten sich seiner erlösenden Überlegenheit widersetzen.

Es gibt einige erschütternde Berichte, wie Scientology Abtrünnigen mitspielt. Die ganze Palette der Dynamik des Fanatismus lässt sich an Hubbards Schöpfung demonstrieren. Da ist zunächst die rastlose Suche nach Menschen, die sich bekehren lassen. Sie verlangt von den Scientologen, nicht anders als etwa von den Zeugen Jehovas, Schamschranken zu ignorieren und im Dienst der Sache aufdringlich zu sein. Dann die tief verankerte Neigung, mangelnde Erfolge einer Bekehrung nicht mit Selbstkritik, sondern mit Vorwürfen über eine zu geringe Glaubensbemühung zu beantworten.

Wenn der Bekehrte sich nicht besser fühlt, liegt es niemals daran, dass ihn eine törichte Lehre verunsichert hat, sondern daran, dass er nicht überzeugt genug ist, nicht genügend Kurse absolviert, sich nicht genügend bemüht. Diese Dynamik ist auch lehrreich für den Psychotherapeuten, denn auch hier müssen Patienten, denen es während der Behandlung nicht besser geht, mit dem Vorwurf rechnen, sie hätten sich eben nicht genügend bemüht.

Während »einfache« Gläubige nur wenige Möglichkeiten haben, ihre Überzeugungen zu festigen, tun die Religionsstifter ebenso wie die mit ihnen identifizierten Apostel oder Missionare, Kalifen oder Auditoren sehr viel mehr. Wenn in ihnen der Zweifel wächst, bringen sie diesen zum Verstummen, indem sie mit höchster Anstrengung andere bekehren und – im Fall von Scientology – eine Bekehrungsindustrie organisieren.

Angstmache und Erlösungsversprechen werden in gleichem Maß eingesetzt. Scientology unterscheidet sich durch die Techniken, nicht durch das Prinzip von anderen religiösen Traditionen, in denen dem Menschen sein Schiffbruch so energisch vor Augen geführt wird, dass er nahezu jeden Preis zahlt, um in das fromme Rettungsboot zu klettern.

Dieses Rettungsboot ist bei den Scientologen nicht, wie bei den traditionellen Religionen, in irgendeiner Form historisch gebunden, sondern kombiniert ähnlich dem Science-Fiction-Roman Fragmente aus Mythologie, Geschichte und phantasierter Technologie zu Erlösungsvorstellungen. Diese versprechen, den Blick zu weiten und alle Ängste abzulegen.

Auf dem Papier können wir Szenarien erfinden, die problemlos Reisen durch Raum und Zeit ermöglichen: Stargate etwa, den Worb-Antrieb im Raumschiff Enterprise. Wir beherrschen die Antimaterie und die Positronen, gewinnen Super-Energie und reparieren interstellare Antriebe mit einer Lötlampe.

Wer sich lange genug in solchen Phantasiewelten aufgehalten hat, glaubt vielleicht auch, dass in ihnen das irdische Paradies neu ersteht. Ist eine Person »clear«, geht es für Hubbard noch weiter. Ihre Geistseele, der Thetan, muss von den Belastungen befreit werden, die sich während vieler Reinkarnationen über Milliarden Jahre hin aufgehäuft haben. Endziel ist der Operierende Thetan (OT). Er unterwirft sich Materie, Energie, Raum und Zeit, kann fliegen, ist unsterblich.

Um diesen Zustand zu erreichen, müssen hohe Summen aufgewendet werden. Ein Auditor unterstützt die Erlösungssuchenden mit Pseudo Psychotechniken, mit Apparaten, Skalen, Drähten und Lämpchen darin, das Schicksal ihres Thetan zu durchleben. Der wurde bereits vor Jahrmillionen niedergemetzelt, eingefroren, mit Raumschiffen auf andere Planeten gebracht und mit Hilfe von Atombombenexplosionen wieder aus dem Kälteschlaf befreit.

Hubbard hatte eine ähnliche Begabung wie Tom Sawyer.[128] Während andere Autoren ein Buch an Leser verkaufen, verkauft Hubbard die Leser an sein Buch. Sie müssen sich für viel Geld in die Phantasiewelten einarbeiten, die er in unersättlichem Streben nach Grandiosität aufbaut. Sie opfern Kraft, Zeit und Geld, um an einer Macht teilzuhaben, die nur in seiner Phantasie existiert. Mehr noch: Der Prophet könnte schon längst nicht mehr an diese Macht glauben, gäbe es nicht sie, die Bekehrten, welche die von ihm entworfenen Gebete murmeln und die von ihm auferlegten Riten vollziehen.

Scientology ist deshalb im Zusammenhang mit der Frage nach der Religion so interessant, weil es deren ungebrochene Kraft verrät, neue (Phantasie-)Welten zu nutzen und zu erobern. Die Götter waren Astronauten, die Seelenwanderung erschließt intergalaktische Dimensionen, der menschliche Geist kennt keine Grenzen, auch wenn die Menschheit bisher kläglich versagt hat, in die Weiten des Alls vorzudringen und die Ökologie des Planeten zu stabilisieren.

Mit allen Erweiterungen, welche die Technik der Raumfahrt und die Neurophysiologie verheißen, wächst nicht die Bereitschaft zu Aufklärung, Selbstkritik und Bescheidenheit. Im Gegenteil: Träumer und Visionäre bauen Erleuchtungskonzerne auf, in denen sich die uralte Dynamik der charismatischen Propheten spiegelt.

Wer sich in seiner Haut und in seinem Alltag wohlfühlt, braucht diese Propheten so wenig wie irgendwelche anderen. Wer aber verängstigt und in seinem Selbstgefühl verunsichert ist, dem verspricht die neue, die unbekannte, die sich technisch gebärdende Sekte eine Hilfe, die ihm weder der Psychotherapeut noch der traditionelle Priester geben können.

Schluss: Brauchen wir einen Glauben?

Freud hat vergeblich versucht, die Debatte über Psychotherapie und Religion abzuschließen. Er setzte Wissenschaft gegen fromme Illusion und Psychoanalyse gegen die Sehnsucht nach suggestivem Glauben. Freilich krankt sein Vorgehen daran, dass er weniger analytisch als ethisch argumentiert.

Sein Bild der Religion trifft paradoxerweise jene Erscheinungen, die sich eher einem soziologischen oder kulturwissenschaftlichen Ansatz fügen als nach einer tiefenpsychologischen Analyse rufen. Es ist die statische, »kalte«, organisierte Religion, die schon lange da ist, irgendwann von Moses oder Paulus gestiftet.

Für die »heiße« Religion, die in Sekten auflebt, sich angesichts kultureller oder persönlicher Probleme entwickelt, hat Freud sich kaum interessiert. Diese wäre jedoch einer psychoanalytischen Studie zugänglicher, entsteht sie doch in der Gegenwart und verrät durchaus persönliche Probleme.

Als ihn Stefan Zweig in seinem Buch »Die Heilung durch den Geist« nicht nur neben Mesmer, sondern auch neben Mary Baker Eddy, die Gründerin der »Christian Science« stellte, hat sich Freud geärgert. Er sah darin jedoch keinen Anlass, sich aktuell mit der Psychodynamik einer Sektengründung zu beschäftigen.

Für Freud ist Religion etwas Altes, ein festgefahrenes Ritual, zum Zwang erstarrt, das Gegenteil von Kreativität. Jung hingegen ist offen für Versuche, eine neue Religion zu stiften. Insofern ist Freud hier eher mosaischer Jude – voller Respekt vor dem Uralten und nicht geneigt, sich selbst mit einem Messias zu identifizieren.

Jung hingegen experimentiert mit dem dionysischen Mythos, den Nietzsche neu belebt hat, mit einem arischen Glauben, mit dem Tantra-Yoga und mit der Alchemie. Noch in seiner letzten Arbeit (»Von Dingen, die am Himmel gesehen werden«) beschäftigt er sich mit dem »Kult« der fliegenden Untertassen. Er nähert sich von Europa aus den metaphysischen Aspekten der Science-Fiction, die Hubbard zu Scientology entwickelt hat.

Wer den heißen Glauben verstehen will, kommt um die Charismatiker und Sektenstifter nicht herum. Hier tragen Narzissmusforschung und analytische Gruppendynamik sehr viel weiter als die klassische Analyse.

Wir haben das archaische Modell des Schamanen und das spätere des Propheten untersucht und wichtige Gemeinsamkeiten gefunden. Die heiße, kreative Phase der Religionsstiftung hängt damit zusammen, dass eine tief verletzende Erfahrung manisch abgewehrt wird. Zur Karriere des Schamanen gehört in vielen Kulturen die »Schamanenkrankheit«, zur Laufbahn des Propheten das Trauma, der epileptische Anfall, das Zerbrechen der Sicherheit.

Nun liegt der Einwand nahe, dass alle Menschen in ihrem Selbstgefühl gekränkt sind, weil ihnen allen der Tod droht, weil sie Schmerz, Verlust, Krankheit und Behinderung heimsuchen. Aber das darf nicht darüber hinwegtäuschen, dass die meisten Menschen die meiste Zeit ihres Lebens keine Religion brauchen, weil sie viel zu sehr damit beschäftigt sind, ihren Alltag zu bestehen. Zu ihrem großen Glück, aus einer von den Priestern verachteten Wurstigkeit heraus, denken sie nicht weiter über Vergangenheit und Zukunft nach. Erinnern wir uns an Papageno!

Wir sind in unserem Nachdenken über die Religion auf jeden Fall in eine neue, individualisierte Phase eingetreten. Wir können nicht wieder zurück zu der Sicherheit, die früheren, traditionellen Kulturen ein alle Glieder der Gemeinde fassender Glaube gab. Wir können durch historische

Zeugnisse belegen, dass auch damals die meisten Menschen nicht in dem Sinn fromm waren, dass sie sich intensiv und persönlich mit religiösen Themen beschäftigten.

Der gefestigte, bergende Glaube war ein Teil ihres Lebens, in ihm formulierten sie ihre Traditionen, bauten ihre Städte, schmückten ihre Kreuzwege. Hoch emotionalisiertes Ringen um existenzielle Wahrheiten war damals vermutlich nicht häufiger, als es heute die Suche nach psychotherapeutischer Hilfe ist.

Diese bergende Tradition ist verloren, aber die Religion hat sich nicht durch die Wissenschaft ersetzen lassen, mit der Freud seine Individualisierung zu verstehen suchte. Andere Individuen suchten sie anders zu verstehen – durch Rückgriffe in den Schamanismus, in die Hexerei, in arische oder tibetische Kulte, durch eine Neubelebung, Spiritualisierung ihrer christlichen Traditionen, durch Fundamentalismus.

Das unserer Analyse der »heißen« Religionen zugrunde gelegte Modell der seelischen Traumatisierung, die unbewusste Größenvorstellungen belebt und symbiotische Sehnsüchte nach der Verschmelzung mit einem allmächtigen Wesen weckt, ist nicht nur provisorisch. Es krankt auch daran, dass es in die uralten Traditionen der Religion das neue Element der Erforschung des menschlichen Selbstgefühls einführt. Das ist, historisch gesehen, misslich genug. Es scheint ähnlich problematisch, eine frühere Zeit mit den Begriffen einer späteren Epoche zu deuten, wie ein Verbrechen zu bestrafen, das vor dem jetzt angewandten Recht begangen wurde.

So mögen unsere Begriffe nicht gut sein. Was sie entschuldigt: Wir haben keine besseren. Die Macht der Religion ist groß, diffus und schädlich genug, um für jedes Werkzeug dankbar zu sein, mit dem wir sie besser verstehen und genauer einschätzen können. Wenn wir in den Zeiten unserer seelischen Ausgeglichenheit erkennen, welche Kräfte den

Charismatiker bewegen und seine Heilsbotschaft so verführerisch machen, entwickeln wir Widerstandskraft. Sie mag uns schützen, wenn wir in seelische Not geraten. Ungewappnet sind wir sonst vielleicht schnell bereit, einem Verführer zu folgen, der Gefolgschaft braucht, um seine eigenen Ängste zu verarbeiten.

Freuds »Zukunft einer Illusion« rechnet mit der kalten Religion; für die heiße gibt sie uns wenig. Der liberale Bürger, der sich für oder gegen seine Zugehörigkeit zu einer Kirche entscheiden kann, hat ohnehin eine Struktur gewonnen, die ihn vor den Exzessen der Frömmigkeit schützt. Was aber, wenn seine Söhne und Töchter, von seiner Resignation empört, nach einem Fanatiker suchen, der ihren Idealismus missbraucht?

Einen Schritt weiter kommen wir, sobald uns deutlich wird, wie sehr sich kalte und heiße Religion gegenseitig bedingen. Beide verarbeiten seelische Verletzungen, tun es jedoch einmal nach dem Modell der Depression, einmal nach dem Modell der Manie.

Im Lauf der Zeit erstarrt jeder einst bewegende Glaube; vor allem die missionierenden Religionen beginnen dann mit Reformen, Erneuerungsbewegungen, apokalyptischen Visionen, um den Geist des Ursprungs zu beleben. Am besten ist uns in Europa hier die Geschichte der Reformationen bekannt – Hus, Luther, Kalvin, Münzer und viele andere.

Der erneuerte Glaube strebt nach Macht; hat er die Macht gewonnen, erstarrt er zur Hierarchie und fordert Erneuerer heraus. In den Familien spiegeln sich diese kollektiven Prozesse. Der zur Routine erstarrte Glaube der Eltern, neben und hinter dem trivialer Egoismus, Rücksichtslosigkeit, ja Sadismus gedeihen, setzt die nächste Generation bedrückenden Erfahrungen aus. Diese werden dann manisch abgewehrt.

Kinder spüren, ob ihre Erzieher lebendig mit ihrem Gott umgehen oder ihn missbrauchen, um sie zu bedrücken und ihnen Angst einzuflößen. Einfühlende, offene, an dem Neuen, das jedes Kind verkörpert, interessierte Eltern mögen fromm oder unfromm sein. Sie schützen ihre Kinder mehr als jeder Katechismus davor, je nach Begabung und innerem Druck Prophet zu werden oder Prophetenopfer, Verführer oder Verführte.

Der von religiöser Inspiration begeisterte Prophet bemerkt irgendwann, dass seine Erlösung nicht anhält, dass Zweifel und weltliches Bedürfnis seine Erleuchtung verdüstern. In dieser Situation andere zu bekehren, ist eine der wirksamsten Methoden, den eigenen Zweifel zu bekämpfen. Solange er anderen predigt, verstummen alle Zweifel; umgekehrt suchen Zweifelnde, von ihrer kalten Religion Enttäuschte den Sektenführer, der die Löcher in ihrem Glauben mit einer Plombe verschließt.

Eine von der Narzissmusforschung geprägte Religionspsychologie wird nicht nur die spirituellen Inhalte analysieren, sondern auch den Größenanspruch, den sie erzeugen. Sie wird Fanatismus als Zeichen unreifer Strukturen des Selbstgefühls ausmachen und die Entwicklung reifer Formen des Narzissmus studieren, die durch Humor, Selbstdistanz, Ambivalenztoleranz und Kreativität geprägt sind. Und sie wird dem Kindlichen möglichst viel Raum lassen, das danach strebt, das Leben zu genießen und sich den Prüfungen der Eingeweihten zu entziehen.

Literatur

Ackerknecht, E., Kurze Geschichte der Psychiatrie, Stuttgart 1967
Alexander, F. und S. T. Selesnick, Geschichte der Psychiatrie, Konstanz 1969
Anzieu, Didier, Freuds Selbstanalyse und die Entdeckung der Psychoanalyse, 2 Bände, München/Wien 1990
Baseler, M. (Hg.), Psychoanalyse und Religion. Versuch einer Vermittlung, Stuttgart 2000
Buchholz, M. B., Der nationalsozialistische Antisemitismus als politische Religion, in: Gerlach, Alf, Schlösser, Anne-Marie, Springer, Anne (Hg.), Psychoanalyse des Glaubens, Göttingen 2004, S. 307–327
Buggle, Franz, Denn sie wissen nicht, was sie glauben. Oder warum man redlicherweise nicht mehr Christ sein kann. Reinbek 1992
Burkhard, Dominik, Häresie und Mythus des 20. Jahrhunderts. Rosenbergs nationalsozialistische Weltanschauung vor dem Tribunal der Römischen Inquisition. Paderborn 2005
Bernfeld, Siegfried und Cassirer, Suzanne, Bausteine der Freud-Biographik. Frankfurt a.M. 1981
Clark, Ronald W., Freud: The Man and the Cause, London 1980
Cremerius, J., Die Beurteilung des Behandlungserfolges in der Psychotherapie, Berlin 1962
Damasio, Antonio, Descartes' Irrtum. Fühlen, Denken und das menschliche Gehirn, München 1994
Deschner, Klaus, Kriminalgeschichte des Christentums, Bd. 1,2,3, Reinbek 1986 f.
Duerr, Hans Peter, Traumzeit. Über die Grenze zwischen Wildnis und Zivilisation, Frankfurt 1978
Duerr, Hans Peter (Hg.), Der Wissenschaftler und das Irrationale, 2 Bde, Frankfurt 1981
Ellenberger, H. F., Die Entdeckung des Unbewußten, Bern 1973
Frankl, V., Der unbewußte Gott, Wien 1949
Freud, E. L. (Hg.), Sigmund Freud Brautbriefe, Frankfurt 1969
Freud, S., Gesammelte Werke, London 1948 ff.
Gay, Peter, Freud. A Life for our Time, London 1988
Gerlach, Alf, Schlösser, Anne-Marie, Springer, Anne (Hg.), Psychoanalyse des Glaubens, Göttingen 2004
Graves, Robert und Raphael Patai, Hebrew Myths, London 1964
Groddeck, Georg, Der Mensch und sein Es, Wiesbaden 1970
Hardy, Alister, Der Mensch – das betende Tier. Religiosität als Faktor der Evolution. Stuttgart 1979
Horn, Bernd, Zur Psychodynamik des Aberglaubens, in: Gerlach, Alf, Schlösser, Anne-Marie, Springer, Anne (Hg.), Psychoanalyse des Glaubens, Göttingen 2004, S. 427–440
Jaffé, Aniela, Aus Leben und Werkstatt von C. G. Jung, Zürich 1968

Janet, P., Nevroses et Idees fixes, 2 Bde, Paris 1898
Jung, C. G., Seelenprobleme unserer Zeit, Zürich 1932
Jung, C. G., Gesammelte Werke, Zürich 1950ff.
Israels, Han, Freuds Phantasien über Leonardo da Vinci. Luzifer-Amor 1992, 10, H. 10, S. 8–41
Israels, Han, Der Fall Freud. Die Geburt der Psychoanalyse aus der Lüge, Hamburg 1999
Piper, Ernst, Alfred Rosenberg. Hitlers Chefideologe, München 2005
Jones, Ernest, Das Leben und Werk von Sigmund Freud. Bd. 1: Die Entwicklung zur Persönlichkeit und die großen Entdeckungen 1856–1900, Bern/Stuttgart 1960
Jones, Ernest, Das Leben und Werk von Sigmund Freud. Bd. 2: Jahre der Reife 1901–1919. Bern/Stuttgart 1962a
Jones, Ernest, Das Leben und Werk von Sigmund Freud. Bd. 3: Die letzte Phase 1919–1939. Bern/Stuttgart 1962b
Jones, Ernest, Free Associations. Memoirs of a Psychoanalyst, New York 1959
Kernberg, O., Einige Überlegungen zum Verhältnis von Psychoanalyse und Religion. In: Baseler, M. (Hg.), Psychoanalyse und Religion. Versuch einer Vermittlung. Stuttgart 2000, S. 107–132
Maidenbaum, A., Martin, S.A. (eds.) Lingering Shadows: Jungians, Freudians, and Anti-Semitism. Boston 1997
Marinelli, Lydia, »Meine alten und dreckigen Götter«. Aus Sigmund Freuds Sammlung, Frankfurt 1998
Masson, Jeffrey Moussaieff, Was hat man dir, du armes Kind, getan? Sigmund Freuds Unterdrückung der Verführungstheorie. Reinbek b. Hamburg 1984
MacLean, A. J., A Triune Concept of the Brain and Behavior, Toronto 1973
Matussek, Paul, Die Konzentrationslagerhaft und ihre Folgen, Berlin 1971
McGuire, William und Wolfgang Sauerländer(Hsg.), Briefwechsel Freud/Jung, Frankfurt 1974
Mertens,W., Psychoanalyse auf dem Prüfstand? Eine Erwiderung auf die Metaanalyse von Klaus Grawe, München 1994
Naipaul, V. S., Eine islamische Reise, München 1981
Newberg, Andrew, Der gedachte Gott – Wie Glaube im Gehirn entsteht, München 2003
Noll, Richard, The Jung Cult. Origins of a Charismatic Movement, Princeton 1994
Noll, Richard, The Aryan Christ, Princeton 1997
Papez, J.W., A Proposed Mechanism of Emotion, Arch.Neural Psychiatry, Bd. 38, S. 725–739, 1937
Ramachandran, V.S. und S.Blakeslee, Die blinde Frau, die sehen kann. Rätselhafte Phänomene unseres Bewusstseins. Reinbek 2001
Ramachandran,V.S. (Hg.), Encyclopedia of Human Behavior, Bd.1–4, New York 1995
Reich, W., Die Funktion des Orgasmus, Köln 1968

Robert, Marthe, Sigmund Freud – zwischen Moses und Ödipus. Die jüdischen Wurzeln der Psychoanalyse, München 1975
Robert, Marthe, Die Revolution der Psychoanalyse. Leben und Werk von Sigmund Freud, Frankfurt a. M. 1986
Roth, Gerhard, Aus Sicht des Gehirns, Frankfurt 2003
Richter, Horst-Eberhard, Der Gotteskomplex, Reinbek 1979
Ruff, Wilfried, Entwicklung religiöser Glaubensfähigkeit, Forum Psychoanalyse 2005, 21, S. 298–307
Sachs, Hanns, Freud. Meister und Freund. Mit einem Nachwort von Peter Krumme, Frankfurt/Berlin/Wien 1982
Safranski, Rüdiger, Der Wille zum Glauben, in: A. Gerlach, A.-M. Schlösser, A. Springer (Hg.), Psychoanalyse des Glaubens, Göttingen 2004, S. 131–144
Schade, Jochen, Buddhismus und Psychoanalyse, in: Gerlach, Alf, Schlösser, Anne-Marie, Springer, Anne (Hg.), Psychoanalyse des Glaubens, Göttingen 2004, S. 413–427
Schadewaldt, Hans, Der Medizinmann bei den Naturvölkern, Stuttgart 1968
Schmidbauer, W., Mythos und Psychologie, München 1970
Schmidbauer, W., Jäger und Sammler. Als sich die Evolution zum Menschen entschied, Planegg 1973
Schmidbauer, W., Vom Umgang mit der Seele. Entstehung und Geschichte der Psychotherapie, Frankfurt 2000
Schmidbauer, W., Der Mensch Sigmund Freud, Stuttgart 2005
Schmidbauer, W., Die sogenannte Aggression. Die kulturelle Evolution und das Böse, Hamburg 1972
Schmidbauer, W., Biologie und Ideologie. Kritik der Human-Ethologie, Hamburg 1973
Slatzer, E., Beard, A.W., The Schizophrenia-like Psychoses of Epilepsy, British Journal of Psychiatry Bd. 109, S. 95–150, 1963
Sulloway, Frank, Freud. Biologe der Seele. Jenseits der psychoanalytischen Legende. Köln/Lövenich 1982
Tögel, Christfried, Berggasse – Pompeji und zurück. Sigmund Freuds Reisen in die Vergangenheit. Tübingen 1989
Tögel, Christfried, »… und gedenke die Wissenschaft auszubeuten.« Sigmund Freuds Weg zur Psychoanalyse. Tübingen 1994
Tögel, Christfried, Freud-Biographik. Website mit verschiedenen Aufsätzen des Autors. www.freud-biographik.de
Will, Herbert, Die Alternative des Atheismus. Über die Folgen der Freudschen Religionskritik, in: A. Gerlach, A.-M. Schlösser, A. Springer (Hg.), Psychoanalyse des Glaubens, Göttingen 2004, S. 175–189
Wittels, Fritz, Sigmund Freud. Der Mann, die Lehre, die Schule. Leipzig/Wien/Zürich 1924
Tömmel, S. E., Die Evolution der Psychoanalyse, Frankfurt 1985
Zepf, Siegfried, Die zwieschlächtige Funktion christlicher Religionen, in: Gerlach, Alf, Schlösser, Anne-Marie, Springer, Anne (Hg.), Psychoanalyse des Glaubens, Göttingen 2004, S. 189–199
Zweig, Stefan, Die Heilung durch den Geist, Frankfurt 1933, 1952

Anmerkungen

1 In DIE ZEIT, 27. Juli 2006, S. 60
2 In Süddeutsche Zeitung, 22. Juli 2006 o.S.
3 The New York Times, Articles selected for Süddeutsche Zeitung, 29.8.2005, S. 1
4 Vgl. W. Schmidbauer, Helfen als Beruf. Die Ware Nächstenliebe, Reinbek 1983
5 S. Freud in einem Brief an J. Dwossis, 15.12.1930, zit.n. P. Gay, Freud, Frankfurt 1989, S. 14
6 S. Freud, Selbstdarstellung, in: GW 14, S. 34
7 Freud begeht hier eine Fehlleistung: Hasdrubal war der Bruder Hannibals; den Schwur leistete Hannibal seinem Vater Hamilkar. In der Tat hatte Freud in seinen Halbbrüdern »Väter« im Alter seiner Mutter, die in England erfolgreiche Geschäfte machten und von denen sein Vater später unterstützt wurde.
8 S. Freud, Die Traumdeutung, in: GW 2/3, S. 199
9 Clark, R.W., Sigmund Freud, Frankfurt 1981, S. 30
10 Wie Han Israels, Der Fall Freud. Die Geburt der Psychoanalyse aus der Lüge. Hamburg 1999
11 In: Clark, a.a.O., S. 364
12 In: Gay, Peter, Freud. A Life for our Time, London 1988, S. 262
13 Goethe, Faust I, 2178 (Artemis-Ausgabe)
14 Zitate frei zusammengesetzt nach den Quellen laut Briefwechsel Freud-Jung, ed. McGuire u. Sauerländer 1974, S. 323 f.
15 Briefwechsel, S. 325
16 Nietzsche, F., Die Geburt der Tragödie aus dem Geiste der Musik, Leipzig (Reclam) o.Jz. Das zitierte Vorwort wurde 1886 verfasst. S.12 der Reclam-Ausgabe ed. Kurt Hildebrandt
17 In diesem Klammersatz steht die Kritik noch als Selbstkritik, die Jung später grob gegen Freud richten wird.
18 Nietzsche 1886, S. 13. Der »Resignationismus«, den Nietzsche hier verurteilt, betrifft die Positionen Schopenhauers.
19 »Meine... alten und dreckigen Götter«. Aus Sigmund Freuds Sammlung, ed. Lydia Marinelli, Frankfurt 1998
20 Jung 1909, zit.n. Ges.W. Bd.4, S. 320
21 Freud an Jung, 12.11.1911, Briefwechsel, S. 507 f.
22 Jung an Freud, 14.11.1911
23 Jung an Freud, 8.6.1912; Freud an Jung, 13.6.1912
24 Freud, am 29.11.1912
25 »Bis zum Anschein des Todes aus freiem Willen«, Satz aus Apuleius, Der goldene Esel, XI, 21. Dort wird die Initiation in die Isismysterien beschrieben, zu der ein Ritual von Tod und Wiedergeburt gehört. Jung möchte auch durch dieses Zitat den widerspenstigen Freud in seine Mysterien einweihen; der Nachweis der Neurose erfüllt dann

eine ähnliche Funktion wie der Nachweis von Sündhaftigkeit und Erlösungsmangel, mit dem jeder Prozess einer Bekehrung eingeleitet wird.

26 Alle Zitate aus Jungs Brief vom 3.12.1912, Briefwechsel S. 583
27 Zu Einzelheiten der Auseinandersetzung in dem Briefwechsel Freud/Jung siehe auch W.Schmidbauer, Der Mensch Sigmund Freud, Stuttgart 2005, S. 64 f.
28 Der Briefwechsel Freud/Jung wurde 1974 von William McGuire und Wolfgang Sauerländer im Fischer-Verlag publiziert. Die zitierten Briefe finden sich auf S. 593 ff.
29 Jung greift diese Szene in einem Brief vom 3.12.1912 auf, in dem sich seine Trennung von Freud ankündigt, s. Briefwechsel a.a.O., S. 584 und Jung, Erinnerungen, S. 162. An anderer Stelle nennt er diese Szene »die wichtigste in meiner Beziehung mit Freud«. (Briefwechsel, Fußnote, S. 584)
30 *Täglich ging die wunderschöne*
Sultanstochter auf und nieder
Um die Abendzeit am Springbrunn,
Wo die weißen Wasser plätschern.

Täglich stand der junge Sklave
Um die Abendzeit am Springbrunn,
Wo die weißen Wasser plätschern;
Täglich ward er bleich und bleicher.

Eines Abends trat die Fürstin
Auf ihn zu mit raschen Worten:
Deinen Namen will ich wissen,
Deine Heimat, deine Sippschaft.

Und der Sklave sprach: Ich heiße
Mohamed und bin aus Jemen,
Und mein Stamm sind jene Asra,
Welche sterben, wenn sie lieben.
(Heinrich Heine, Romancero, Der Asra)
31 Lydia Martinelli (Hg.), »Meine alten und dreckigen Götter« – Aus Sigmund Freuds Sammlung, Frankfurt 1998
32 Einige der Kriterien für Übergangsobjekte treffen auch auf die »Götter« von Freuds Sammlung zu. Sie wurden leidenschaftlich geliebt und dem Besitzer unterworfen, sie durften nicht verändert werden, vermittelten ein Gefühl der Geborgenheit und Wärme, gehörten zugleich zur Außen- und zur Innenwelt. Vgl. D.W. Winnicott, Übergangsobjekte und Übergangsphänomene, in: Von der Kinderheilkunde zur Psychoanalyse, München 1951, S. 295–311
33 Freud sagte im Jahr 1926 in einem Interview: »Meine Sprache ist deutsch. Meine Kultur, meine Bildung sind deutsch. Ich betrachtete mich geistig als Deutschen, bis ich die Zunahme des antisemitischen Vorurteils in Deutschland und Deutschösterreich bemerkte. Seit dieser Zeit ziehe ich es vor, mich einen Juden zu nennen.« Georg Sylvester Viereck, Glimpses of the Great, London 1930, S. 34

34 Ich stütze mich hier auf Vorarbeiten in dem Buch »Der Mensch Sigmund Freud«, Stuttgart 2005
35 Freud 1912, GW IX, S. 171 f.
36 Freud 1917, GW XI, S. 12
37 So zitiert Freud in »Jenseits des Lustprinzips« wohlwollend C. G. Jung, GW XIII, S. 21
38 Freud 1927, GW XIV, S. 357
39 Freud 1927, GW XIV, S. 370
40 Freud 1928, GW XIV, S. 304
41 Freud 1929, GW XIV, S. 425
42 Freud 1929, GW XIV, S. 428
43 Freud 1929, GW XIV, S. 503
44 Freud 1929, GW XIV, S. 505 f.
45 Freud 1932, GW XV, S. 58
46 Während Freud die erste Folge der Vorlesungen tatsächlich gehalten hat, ist die zweite als Stilmittel in Analogie zu den früheren gestaltet und führt diese nach wie vor beste Einführung in die Psychoanalyse zum Abschluss.
47 Freud 1937, GW XVI, S. 103
48 Freud 1937, GW XVI, S. 154 f.
49 Freud 1938, GW XVI, S. 157
50 Freud 1938, GW XVI, S. 157
51 Freud 1938, GW XVI, S. 158
52 Freud 1938, GW XVI, S. 159
53 Die österreichischen NS-Behörden verlangten sogar den Rücktransport der Exemplare von Freuds »Gesammelten Schriften«, um sie zu verbrennen. Martin Freud hatte sie vorsorglich in die Schweiz geschickt hatte. Die Freuds mussten für diesen Transport ebenso bezahlen wie für zahlreiche andere Schikanen, was sie ohne die Hilfe von Marie Bonaparte niemals hätten leisten können.
54 Gay 1987, S. 728
55 Vgl. W. Schmidbauer, Mythos und Psychologie, München 1970, 1999
56 V. S. Naipaul, Eine islamische Reise, Erstausgabe 1981, zit. n. München 2001, S. 139
57 Freud 1939, GW XVI, S. 171
58 Freud 1939, GW XVI, S. 174
59 Antisemitisches Pamphlet, das den Juden unterstellt, sich durch Bolschewismus und Kapitalismus die Welt zu unterwerfen.
60 Freud 1939, GW XVI, S. 191
61 Freud 1939, GW XVI, S. 191
62 Freud 1939, GW XVI, S. 195
63 Freud 1939, GW XVI, S. 197
64 Freud 1939, GW XVI, S. 198
65 Gay, S. 729
66 Jung 1931, S. 74
67 Jung 1931, S. 75
68 Ebd., S. 76

69 Ebd.
70 Ebd., S. 82 f.
71 Ebd., S. 84
72 Ebd., S. 83
73 Ebd., S. 85
74 Die Bedeutung der Konstruktion eines »germanischen Glaubens« für NS-Deutschland wird in den letzten Jahren historisch aufgearbeitet. Ihr wichtigster Vertreter war der Baltendeutsche Alfred Rosenberg, dessen 1930 erschienenes Buch »Der Mythus des 20. Jahrhunderts« versucht, an die Stelle des »verjudeten« Christentums eine germanische Religion zu setzen. In dieser sollen die Sakramente durch ein »Mysterium des Blutes« ersetzt werden und die Kinder in der Schule nordische Sagen und Märchen hören, nicht mehr »alttestamentliche Zuhälter- und Viehhändlergeschichten«. Vgl. Ernst Piper, Alfred Rosenberg. Hitlers Chefideologe, München 2005. Der Vatikan nahm Rosenberg so ernst, dass er dessen Hauptwerk auf den Index setzte, vgl. Dominik Burkhard, Häresie und Mythus des 20. Jahrhunderts. Rosenbergs nationalsozialistische Weltanschauung vor dem Tribunal der Römischen Inquisition, Paderborn 2005
75 Maidenbaum, A., Martin, S.A. (eds.) Lingering Shadows: Jungians, Freudians, and Anti-Semitism. Boston, Shambhala 199, S. 362 f. Die Textstelle stammt aus dem Vortrag »Die Rolle des Unbewussten«, den Jung 1914 in Aberdeen anlässlich der Jahresversammlung der British Medical Association hielt; er wurde in der deutschen Fassung gekürzt.
76 C. G. Jung, Zur gegenwärtigen Lage der Psychotherapie, Zentralblatt für Psychotherapie, 1934, 1/2, S. 9
77 Richard Noll, The Jung Cult. Origins of a Charismatic Movement, Princeton 1994
78 Hauer, Wilhelm Jakob, geb. 4.4.1881 in Ditzingen, gest. 18.2.1962 in Tübingen; Indologe, Religionswissenschaftler.
Der gelernte Maurer wurde zum Missionar ausgebildet und ging im Dienste der Basler Mission von 1906 bis 1911 nach Indien. 1927 erhielt er einen Lehrstuhl in Tübingen. 1933 wurde er Mitglied in Rosenbergs »Kampfbund für die deutsche Kultur«, wurde Mitglied der Hitler-Jugend, später der »Nationalsozialistischen Volkswohlfahrt« (NSV), beim NS-Lehrerbund sowie dem NS-Dozentenbund. Sein Spezialgebiet war die »arische Weltanschauung«.
1933 war Hauer Gründer und Präsident der *Deutschen Glaubensbewegung*, eines Konkurrenzunternehmens zu den *Deutschen Christen*. In der »Deutschen Glaubensbewegung« sammelten sich zahlreiche Sekten, die völkisch-rassistisches Gedankengut vertraten und nach einer »germanischen« Religion suchten. Voraussetzung für die Aufnahme war der Kirchenaustritt. Organ der Organisation war das Magazin »Deutscher Glaube«, das ab 1936 unter dem Titel »Zeitschrift für arteigene Lebensgemeinschaft« erschien. Hauer trat 1937 der NSDAP bei und wurde 1942 Leiter der Gruppe »Lebensmächte und Wesen des Indogermanentums« beim Kriegseinsatz der Geisteswissenschaften.

1945 wurde Hauer interniert, 1949 ging er in den Ruhestand, um danach die Zeitschrift »Wirklichkeit und Wahrheit« herauszugeben. 1956 gründete er die »Freie Akademie«.
79 Aniela Jaffé, Aus Leben und Werkstatt von C. G. Jung, Zürich 1968, S.83–105
80 Vgl Jeffrey Satinover, Jung Love, First Things 56 (October 1995): 56–62.
81 Vgl. W. Schmidbauer, Biologie und Ideologie. Kritik der Humanethologie, Hamburg 1973
82 Vgl. W.Schmidbauer, Vom Umgang mit der Seele. Entstehung und Geschichte der Psychotherapie, Frankfurt 2000, S. 15 f.
83 Elisabeth Marshall-Thomas, Meine Freunde die Buschmänner, Stuttgart 1968, S.46
84 Inzwischen ist mit Hilfe des Positronen-Emissions-Tomographen nachgewiesen, dass Placebo-»Schmerzmittel« tatsächlich die Gehirnareale (das Endorphin-System) beeinflussen, in denen das Schmerzempfinden lokalisiert wird. Die entsprechende Studie wurde von Jon-Kor Zubieta im Journal of Neuroscience (Bd. 25, S. 7754, 2005) veröffentlicht, wobei eine Äußerung des Autors (zit.n. Süddeutsche Zeitung v. 27.9.2005, S.10) die ganze Naivität des betreffenden Gehirnforschers spiegelt: »Das ist ein starkes Argument gegen den Glauben, dass der Placeboeffekt nur auf Einbildung beruht«, sagt Zubieta. Als ob »Einbildung« nicht ein ebenso mächtiger Einfluss auf das Nervensystem wäre wie »Placebo«. Am Ende werden uns solche Neurowissenschaftler noch mit Fotos ihres tätigen Gehirns beweisen, dass sie wirklich denken, während alle anderen Forscher sich nur einbilden zu denken ...
85 Franz Boas, The Religion of the Kwakiutl, in: Columbia Univ.Contributions to Anthropology Bd. X, New York 1930, 2. Teil, S. 35
86 J.R.R. Tolkien, Der Herr der Ringe, Stuttgart 1966/1984, Bd. III, S.165
87 V. S. Ramachandran, S. Blakeslee: Die blinde Frau, die sehen kann. Rätselhafte Phänomene unseres Bewusstseins, Reinbek 2001
88 Gerhard Roth, Aus Sicht des Gehirns, Frankfurt 2003
89 Antonio Damasio, Descartes' Irrtum. Fühlen, Denken und das menschliche Gehirn, München 1994
90 Ramachandran,V.S. (Hg.), Encyclopedia of Human Behavior, Bd.1–4, New York 1995
91 »Michael Persinger, Direktor der Forschungsabteilung an der kanadischen Sudbury Laurentian University, konstruierte einen Helm, den er Octopus nannte. Das von ihm erzeugte elektrische Magnetfeld wirkt stimulierend auf die Neuronen des Gehirns und veranlasst sie, elektrische Impulse an andere Hirnregionen zu senden. Mehr als 80 Prozent der Versuchspersonen, denen Persinger seinen Zauberhelm aufsetzte, nahmen eine höhere Wirklichkeit wahr, der sie sich in diesem Moment verbunden fühlten. Die Atheisten unter ihnen sprachen von Verbundenheit mit dem Universum, die Gläubigen wollten die Gegenwart Gottes gespürt haben.« Vgl. »Glaube ist nicht mess-

bar. Neuro-Theologie«, Christian Feldmann, Sonntagsblatt, Internet-Ausgabe 2005

92 Limbus ist im Latein das Band, das z.B. als Besatz an Kleidern oder um den Kopf getragen wird. Im übertragenen Sinn ist es auch das Band, das die Sternzeichen verknüpft, woraus sich wohl im Mittelalter die Bedeutung eines Raums zwischen den Sphären ergab, in dem die ungetauft gestorbenen Kinderseelen verweilen, die weder schuldig noch erlöst sind, bis Christus am jüngsten Tag über sie entscheidet.

93 Papez, J.W., A Proposed Mechanism of Emotion, Arch.Neural Psychiatry, Bd. 38, S. 725–739, 1937 sowie MacLean, A. J., A Triune Concept of the Brain and Behavior, Toronto 1973

94 Slatzer, E., Beard, A.W., The Schizophrenia-like Psychoses of Epilepsy, British Journal of Psychiatry Bd. 109, S. 95–150, 1963

95 Ramachandran 2001, S. 292f.

96 Ramachandran 2001, S. 291

97 Andrew Newberg, Der gedachte Gott – Wie Glaube im Gehirn entsteht, München 2003

98 W. Schmidbauer, Freuds Dilemma. Die Wissenschaft von der Seele und die Kunst der Psychotherapie, Reinbek 1999; ders., Der Mensch Sigmund Freud. Ein verwundeter Arzt?, Stuttgart 2005

99 Schopenhauer, A., Parerga und Paralipomena II, Kap.15, § 181

100 Hardy, Alister, Der Mensch – das betende Tier. Religiosität als Faktor der Evolution. Stuttgart 1979, S. 134

101 Ronald L. Hubbard, 1911–1986, ist der Gründer von Scientology.

102 Dieses Motiv »Weil keiner mich heilen kann, werde ich Arzt« ist unter dem Begriff des »Helfer-Syndroms« beschrieben worden, vgl. W. Schmidbauer, Die hilflosen Helfer, Reinbek 1977

103 Franz Buggle, Denn sie wissen nicht, was sie glauben. Oder warum man redlicherweise nicht mehr Christ sein kann, Reinbek 1992

104 C.G. Jung, Seelenprobleme unserer Zeit, Zürich 1932

105 Wilfried Ruff, Entwicklung religiöser Glaubensfähigkeit, Forum Psychoanalyse 2005, 21, S. 298–307. Ruff, Arzt, Theologe und Psychoanalytiker, unterscheidet zwischen einem »magischen« und einem »personalen« Glauben. Der magische Glaube drohe, irrational zu werden und in Fanatismus zu entarten, während der reife Glaube sich in der Auseinandersetzung mit dem Zweifel und in der Anerkennung der Unfassbarkeit Gottes erweise.

106 Darunter versteht der britische Kinderarzt und Analytiker jene Gegenstände, die im Übergangsfeld zwischen der engen Mutterbindung und der Öffnung des Kindes zur Welt als Symbol von Geborgenheit und »Heimat« fungieren. Er sieht im Übergangsobjekt eine Verbindung von Gefühl, Kultur und Materie, die für das Entwicklungsschicksal der Kreativität wesentlich sei.

107 Wilfried Ruff, Entwicklung religiöser Glaubensfähigkeit, Forum Psychoanalyse 2005, 21, S. 305

108 K. Deschner, Kriminalgeschichte des Christentums, Bd. 1,2,3, Reinbek 1986 f.

109 Buggle 1992, S.15
110 Dieser belehrt einen wiedergekehrten Heiland, man brauche ihn nicht mehr. Er störe, die Kirche habe seine Lehre weit über ihn hinausgeführt und verbessert.
111 Horst-Eberhard Richter, Der Gotteskomplex, Reinbek 1979
112 Buggle 1992, S. 15
113 W. Schmidbauer, Die sogenannte Aggression. Die kulturelle Evolution und das Böse, Hamburg 1972; ders., Biologie und Ideologie. Kritik der Humanethologie, Hamburg 1974
114 »Ich bin selbst ein Ketzer«, schreibt Freud 1920 an Georg Groddeck, »der sich noch nicht zum Fanatiker umgewandelt hat. Fanatiker, Leute, die imstande sind, ihre eigene Beschränktheit feierlich ernst zu nehmen, vertrage ich nicht.« Zit. n. Georg Groddeck, Der Mensch und sein Es, Wiesbaden 1970, S.36
115 Robert Graves, Raphael Patai, Hebrew Myths, London 1964
116 Rüdiger Safranski, Der Wille zum Glauben, in: A. Gerlach, A.-M. Schlösser, A. Springer (Hg.), Psychoanalyse des Glaubens, Göttingen 2004, S. 131–144
117 Claude Lévi-Strauss, Traurige Tropen, Köln 1960, S. 98
118 Vgl. W. Schmidbauer, Jäger und Sammler. Als sich die Evolution zum Menschen entschied, Planegg 1973
119 Exodus 16, 14–15
120 »Wenn ein Autor von seinen Lesern aufgefordert, ja förmlich gedrängt wird, ›doch auch einmal etwas über sich selbst zu schreiben‹, so geht er nur, eben weil er so gedrängt wird, an die Erfüllung dieses Wunsches; denn er stürzt sich dabei kopfüber in die unvermeidliche Gefahr, ein Abu el Botlahn [Vater der Eitelkeit] oder Dschidd el Intifachh, [Großvater des Eigendünkels], wie der Araber sich auszudrücken pflegt, genannt zu werden. Und wenn er gar sich der oben stehenden Überschrift bedient, sich also einen Vielgelesenen nennt, so hat diese Gefahr schon gleich bei der ersten Zeile einen solchen Grad erreicht, daß sie gar nicht größer werden kann. Damit ist aber auch sogleich die Angst überwunden, welche man vor Gefahren zu haben pflegt, und ich kann freien und heiteren Gemütes meinen lieben Leserinnen und Lesern sagen, daß ich mich schon deshalb als einen Vielgelesenen bezeichnen darf, weil nur ein solcher von den Freuden und ganz besonders von den Leiden reden kann, durch deren Besprechung an dieser Stelle ich mein Herz gern einigermaßen erleichtern möchte.
Daß ich kein Abu el Botlahn, sondern im Gegenteile ein bescheidener, durch seine Erfolge schwer niedergedrückter Schriftsteller bin, kann ich schon durch den Standpunkt beweisen, von welchem aus ich heute ›meine Feder in die Tinte tauche‹. Glücklich, dreifach glücklich ist nämlich der Autor zu preisen, dessen Werke nie zum Drucke angenommen werden! Sie bleiben sein unbestrittenes geistiges Eigentum, und er kann, ohne jemals widerrechtlich nachgedruckt zu werden, zwischen seinen vier Wänden und im Kreise seiner heimlichen Bewunderer so oft, als es ihm beliebt, in ihren Schönheiten schwelgen;

sie dürfen ihm so lieb und so kostbar sein und bleiben wie eine Sammlung von Diamanten, die man nie verkauft. Schon weniger glücklich ist der Autor, welchem die Fatalität begegnet, ein oder einige Male gedruckt zu werden. Er ist dem Löwen der Öffentlichkeit in die unerbittlichen Pranken geraten, wird von ihm hin- und hergeworfen und hat von Augenblick zu Augenblick den entsetzlichen Biß zu erwarten, der ihm den Garaus macht. Das Honorar ist nur die Lockspeise gewesen, welche ihn in eine Lage brachte, der er nur durch die nunmehrige größte schriftstellerische Enthaltsamkeit entrinnen kann. Von einem vertraulichen, behaglichen, häuslich verborgenen Genusse seiner Geistesfrüchte kann keine Rede sein! Und nun erst derjenige unglückliche Litterat, den der obenerwähnte p. t. Löwe so fest hält, daß er nicht wieder loskommen kann! Er ist einem so beklagenswerten Geschick verfallen, daß jedes nur einigermaßen mitleidige Menschenkind ihm – doch, wozu die Einleitung so lang machen! Ich gehöre ja leider selbst zu dieser Klasse von Duldern, und wenn ich von meinen Leiden erzähle, die von einigen seltenen Lichtblitzen nur um so stärker hervorgehoben werden, so werden damit die Qualen meiner Berufsgenossen auch beschrieben, und ich brauche sie also gar nicht eingangsweise aufzuzählen.«

121 Vgl. W. Schmidbauer, Die hilflosen Helfer, Reinbek 1977
122 Platon, Symposion, 191. b
123 Karl May, Ich, S. 34
124 Karl May, Ich, S. 413
125 Neulich schilderte ein Scientology-Aussteiger in einer Talkshow eindringlich, wie viel Zeit und Geld er aufwendete, um clear zu sein und andere zu trainieren – und wie ihm diese manische Abwehr zusammenbrach, als er an Krebs erkrankte. Seither kämpft er gegen Scientology als ein »faschistisches System«.
126 Paul Matussek, Die Konzentrationslagerhaft und ihre Folgen, Berlin 1971
127 Vgl. W. Schmidbauer, Lebensgefühl Angst, Freiburg 2005
128 Mark Twain schildert in dem Roman über Tom Sawyer und Huckleberry Finn, wie Tom von seiner Tante für einen Lausbubenstreich bestraft wird. Er soll an einem schönen Sommertag den Gartenzaun streichen. Tom gelingt es, den Spielkameraden, die ihn auf dem Weg zum Baden höhnisch bemitleiden, so überzeugend zu vermitteln, dass es nichts Schöneres gibt als einen Zaun zu streichen, bis sie am Ende nicht nur für ihn die Arbeit erledigen, sondern ihn anflehen und nach ihren Möglichkeiten dafür belohnen, dass er sie es tun lässt.

Bibliografische Information der Deutschen Bibliothek
Die Deutsche Bibliothek verzeichnet diese Publikation in der
Deutschen Nationalbibliografie; detaillierte bibliografische Daten
sind im Internet über http://dnb.ddb.de abrufbar

© 2007 Verlag Kreuz GmbH
Postfach 80 06 69, 70506 Stuttgart

www.kreuzverlag.de

Alle Rechte vorbehalten
Umschlaggestaltung und Umschlagbild: P.S. Petry & Schwamb,
Agentur für Marketing und Verlagsdienstleistungen, Freiburg
Autorenfoto: © privat
Satz: de·te·pe, Aalen
Druck: Clausen & Bosse, Leck

ISBN 978-3-7831-2896-3